常宁市庙前镇中田村村落形态研究及保护策略探析

CHANGNING SHI MIAOQIAN ZHEN ZHONGTIAN CUN CUNLUO XINGTAI YANJIU JI BAOHU CELÜE TANXI

刘磊 郝文琦 黄乐艳 ◎ 著

中国矿业大学出版社
China University of Mining and Technology Press
·徐州·

图书在版编目（CIP）数据

常宁市庙前镇中田村村落形态研究及保护策略探析／刘磊，郝文琦，黄乐艳著．— 徐州：中国矿业大学出版社，2024.10．— ISBN 978-7-5646-6489-3

Ⅰ．K926.44

中国国家版本馆 CIP 数据核字第 20243FP863 号

书　　名	常宁市庙前镇中田村村落形态研究及保护策略探析
著　　者	刘　磊　郝文琦　黄乐艳
责任编辑	侯　明
出版发行	中国矿业大学出版社有限责任公司
	（江苏省徐州市解放南路　邮编 221008）
营销热线	（0516）83885370　83884103
出版服务	（0516）83995789　83884920
网　　址	http://www.cumtp.com　E-mail:cumtpvip@cumtp.com
印　　刷	苏州市古得堡数码印刷有限公司
开　　本	787 mm×1092 mm　1/16　印张 8　字数 119 千字
版本印次	2024 年 10 月第 1 版　2024 年 10 月第 1 次印刷
定　　价	68.00 元

（图书出现印装质量问题，本社负责调换）

目 录

第1章 绪论 ··· 1
   1.1 研究背景 ·· 3
   1.2 研究目的与意义 ·· 5
   1.3 相关概念界定 ·· 7
   1.4 研究内容 ·· 9
   1.5 研究方法及框架 ··· 10
   1.6 相关研究成果综述 ······································· 11

第2章 中田村的生活环境与历史变迁 ····························· 15
   2.1 自然环境与历史变迁 ····································· 17
   2.2 中田村的村民生活 ······································· 21
   2.3 文化背景 ··· 25

第3章 中田村传统村落形态与构成要素 ··························· 29
   3.1 村落构成以"御敌"为核心的聚族而居模式 ················· 31
   3.2 村落选址 ··· 34

3.3 聚落环境格局 ………………………………………………………… 37

3.4 村落布局与空间形态分析 …………………………………………… 40

3.5 村落构成 ……………………………………………………………… 42

3.6 村落朝向 ……………………………………………………………… 48

3.7 公共活动中心 ………………………………………………………… 49

第 4 章 中田村民居建筑 ……………………………………………………… 57

4.1 建筑技术特点 ………………………………………………………… 59

4.2 平面形式 ……………………………………………………………… 66

4.3 空间形态与家庭生活 ………………………………………………… 69

4.4 民居的装饰艺术 ……………………………………………………… 78

第 5 章 中田村村落环境保护策略探析 ……………………………………… 89

5.1 中田村古民居保护现状 ……………………………………………… 92

5.2 中田村古民居保护的主要内容与原则 ……………………………… 97

5.3 中田村古民居保护措施 ……………………………………………… 99

结语 ……………………………………………………………………………… 111

参考文献 ………………………………………………………………………… 117

第1章
绪 论

1.1　研究背景

传统村落是中国社会发展的缩影,它们反映了中国社会在不同时期、不同地域、不同经济社会发展阶段的演变历程。这些传统村落不仅包含文物古迹、传统建筑等物质文化遗产,还涵盖传统民俗风情、节庆、手工艺、习俗、民间信仰等非物质文化遗产,它们共同构成了中华民族文化的源头和根基。传统村落以其独特的建筑特色、厚重的文化积淀、重要的历史价值,被誉为人类"民俗艺术的博物馆"和"传统文化的明珠",同时也成为学术界研究的热点。

改革开放以来,我国城镇化发展非常迅速,1978—2023年,全国新增城镇人口7.60人,平均每年增加1 689万人,这种规模在世界上是绝无仅有的。根据国家统计局统计数据,2023年我国城镇化率已达到66.16%(图1.1)。从增长速度来看,在45年间,我国城镇化率以平均每年1.07个百分点的速度增长。应该说我国的城镇化是一种大规模的、快速的城镇化。随着社会主义新农村建设、城乡一体化的推进,国家进一步调整农村聚落的分布,使土地使用集约化,以应对经济发展的建设用地需求。在这一城镇化的进程中,既存在不可逆转的大趋势,也面临不可回避的新问题。其中,散布在全国各地的作为文化遗产的"传统村落"的数量急剧减少、衰败,就是一个问题。随着近年来新型城镇化的提出,国家逐步从重城轻乡转向城乡融合,学术界也普遍认识到农村问题能否妥善解决事关中国式现代化的成败和社会能否实现长期稳定。在新型城镇化背景下,传统村落保护虽已取得显著成效,但还面临着一些显著的困境和挑战。

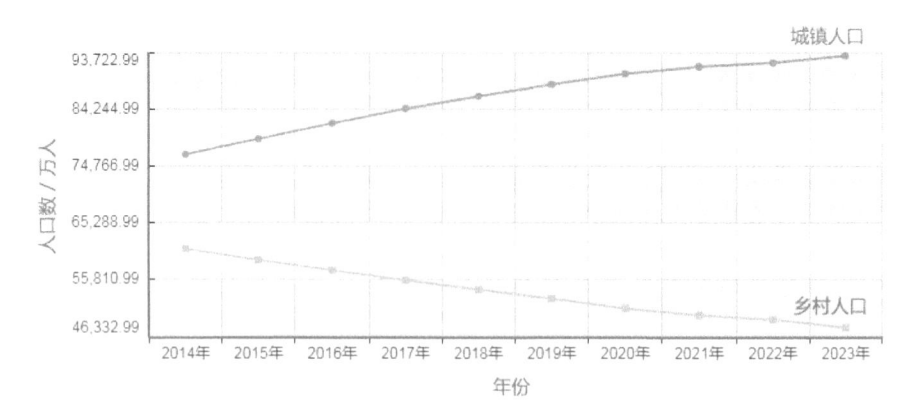

图 1.1　2014—2023 年我国城镇人口与乡村人口图示

关于对古建筑和传统民居的保护，习近平总书记强调："一个城市的历史遗迹、文化古迹、人文底蕴，是城市生命的一部分。文化底蕴毁掉了，城市建得再新再好，也是缺乏生命力的。要把老城区改造提升同保护历史遗迹、保存历史文脉统一起来，既要改善人居环境，又要保护历史文化底蕴，让历史文化和现代生活融为一体。""历史文化是城市的灵魂，要像爱惜自己的生命一样保护好城市历史文化遗产。"习近平总书记的重要指示为我们做好传统村落和古民居的保护工作与研究工作指明了方向。

截至 2023 年，我国先后公布了 6 批"中国传统村落名录"，共包括 8 155 个传统村落（表 1.1）。这些传统村落大部分建于明清时期，其中一部分可以追溯到南宋时期。但是，这些传统村落在现代化建设进程中正面临着毁灭性的灾难，因而对传统村落的保护显得非常重要。对传统村落古民居进行合理保护与开发，要做到对传统村落既有保护和发展，又尊重村民意愿，既能促进当地经济发展，又能推进社会主义新农村建设、推动社会主义和谐文化的发展。这要求我们进一步研究关于传统村落保护的相关问题。

表 1.1　中国传统村落名录

公布时间	批次	入选村落数量 / 个
2012 年 12 月	第一批	646
2013 年 8 月	第二批	915

续表

公布时间	批次	数量/个
2014年11月	第三批	994
2016年12月	第四批	1 598
2019年6月	第五批	2 666
2023年3月	第六批	1 336

2012—2021年，从国务院到基层相关部门都出台了各类有关发展农村农业、乡村振兴、传统村落保护的政策（表1.2），从政策方面对于传统村落保护和乡村建设与振兴给予了更多的支持和投入。

表1.2 2012—2021年国家相关部门出台的有关农村和传统村落保护的政策

时间	部门	文件	相关内容
2012年	住房和城乡建设部、文化部、财政部	《关于加强传统村落保护发展工作的指导意见》	提出注重传统村落保护与发展的统一
2014年	住房和城乡建设部、文化部、国家文物局、财政部	《关于切实加强中国传统村落保护的指导意见》	提出加大对传统村落保护与发展的支持力度
2016年	国务院	《国务院关于进一步加强文物工作的指导意见》	提出加强历史文化名城、村镇、街区和传统村落整体格局和历史风貌的保护
2018年	中共中央、国务院	《中共中央 国务院关于实施乡村振兴战略的意见》	提出实施乡村振兴战略
2021年	中共中央、国务院	《中共中央 国务院关于全面推进乡村振兴加快农业农村现代化的意见》	提出加快农业农村现代化，发挥文化传承功能

1.2　研究目的与意义

庙前古镇历史悠久，人文荟萃，文化底蕴深厚，历来是常宁南隅重镇，古时是兵家必争之地。《同治常宁志》载："明洪武三年，复为常宁县，属湖广布政使司衡州府。""雍正十一年,分桂阳州五十四户地入常宁县。"《李氏宗谱》记载:"鼻祖福五郎于明洪武二年,由茶陵调守桂阳州,复戍常宁。永乐二年奉文垦田,遂落屯常宁界……"这里有中田、泉井、双桥、庙前街等明清古民居群;有东汉时代的墓葬群;有明代的金龙岩摩崖石刻;有抗日战争时期的腊园阻击战遗址;有财神洞、野猪林、地质公园、中国印山(简称"印山")等风景名胜区。尤其令人叹为观止的是庙前古镇的民居建筑,整齐划一,青石板铺设的古石巷纵横贯通,成为庙前古民居的经络框架,排水通道设计精巧,石构件、木构件上的雕刻精美绝伦,尽显古代工匠的高超技艺和智慧。

这里融合了各地的民俗风情,形成了庙前古镇独具特色的民俗文化,如以庙前独有的唱腔演绎湖南花鼓戏,创立了自己的"南笛北调"。

庙前古镇是经济繁荣的大通道。由于庙前是由桂阳到常宁的必经之地,因此历来都是南北经商的重要物资集散地和西南各地人员、货物进出的重要关口城镇,从而造就了庙前古镇兴盛繁荣的局面。今天,我们仍能强烈感受到当年的繁荣气息,5条商贸街道、2里多长的商铺和200多条古巷弄、200多栋古民宅组成的庞大建筑群,彰显着庙前古镇往日辉煌的景象。

中田村古建筑群(图1.2)始建于明末清初,清康熙、乾隆年间形成规模,迄今已有600多年的历史,是湖南省境内规模较大、保存完整的传统村落。镇内古街古屋为湘南保存最完好、规模最大的明清古建筑群之一,风格独特。经历600多年的风风雨雨,目前仍保留旧宅100多幢,巷道108条,天井200多个,建筑面积约14 000平方米。民居既有江南民居的建筑特色,又有独特的本土艺术风格,已被列为湖南省重点文物保护单位和国家历史文化名村。但是目前村中人口大量外迁建房,大部分古建筑被空置、遗弃、荒废。

图 1.2　中田村传统村落全景

笔者通过大量的实地考察和测绘，对常宁市庙前镇中田村聚落布局、空间结构层次、公共空间分布、建筑技术特点、传统文化和地域环境进行了研究和分析，并提出相应的保护和发展的具体措施。本书一方面对中田村聚落环境与建筑之间的关系进行论述；另一方面，对于传统村落民居在利用环境、协调环境、保护生态方面的重要性予以阐述，为当前民居的建筑设计提供参考。在民居的保护和发展上，笔者还针对中田村和地方政府的实际问题提出了自己的观点。

1.3　相关概念界定

1.3.1　传统村落

中国对早期传统村落的研究主要集中于考古、地理等方面，而20世纪80年代以来，建筑界、都市学界逐渐将住区研究的思路和方法引入传统村落的研究中，对传统村落居住环境及居民的生活方式进行了深入研究。

村落以前称为"聚落"。《汉书·沟恤志》载："或久无害，稍筑室宅，遂成聚落。"2012年之前，传统村落一般被称为"古村落"，许多学者和学术机构从不同的角度对"古村落"进行了定义。当时，中国古村落保护与发展委员会认为所谓的"古村落"是指那些已经有五六百年以上历史的村寨。这些村寨大多由一个庞大的家族组成，村寨里有家族创业始祖的传说，有家族兴盛衰败的记载，有祖传的遗训族规。刘沛林认为，古村落是人类聚集、生产、生活和繁衍的最初形式，一直处于演进发展之中。进入现代社会以后，在一些演进较为缓慢的特定地域，仍有幸保存着各个特定历史时期的一些村落，而且村落的环境、建筑、历史文脉、传统氛围均保存较好。冯骥才先生认为，古村落应该符合以下几个标准：物质文化遗产自成体系，有与自然相融合的村落规划，有历史街区、代表性民居建筑、一些公共设施，比如庙宇、桥梁、水井、戏台等大量历史文化遗存；同时，有比较鲜明的地域特色和非物质文化遗产。陈志华教授则认为，古村落应该满足以下5个特点：一是年代久远；二是知名成就很高；三是应与自然融为一体；四是村落规划出色；五是有公共园林。朱晓明教授认为，所谓古村落是指民国以前建村，保留了较大的历史沿革，即建筑环境、建筑风貌、村落选址未有大的变动，具有独特民俗民风，虽经历久远年代，但至今仍为人们服务的村落。作为完整的生活单元，它们由于历史发展中偶然兴衰因素的影响，至今空间结构保持完整，留有众多传统建筑遗迹，且包含了丰富的传统生活方式，成为新型的活文物。从以上几种代表性观点来看，对古村落概念的界定并没有形成一个统一的观点，但是都具有时间性、空间性、文化性这些共同要素。古村落是一种文化遗产的活的载体，既承载着物质文化遗产，也承载着非物质文化遗产。2012年9月，我国传统村落保护和发展专家委员会第一次会议决定，将"古村落"改名为"传统村落"，并明确其概念：传统村落是指形成时间较早，拥有丰富的历史文化和自然资源，具有一定历史、文化、科学、艺术、经济、社会价值，应予保护的村落。

1.3.2 保护

"保护"（conservation）一词多用于历史文化遗产领域。1976年发布的《关于历史地区的保护及其当代作用的建议》将"保护"定义为：对历史或传统地区及其环境的鉴定、保护、修复、修缮、维修和复原。而1987

年发布的《保护历史城镇与城区宪章》对"保护"的定义进行了延伸，保护的概念已经从单纯的建筑文物保存向建筑群体及其周边整体环境的保护转化。

传统村落保护的基本内涵有以下三方面内容：其一是保持传统村落的完整性，注重整体空间与周围环境的完整、历史和价值的完整；其二是保持传统村落的真实性，注重历史文化、遗产内涵和村民生产生活的真实；其三是在保护传统村落连续性的同时，注重经济发展、传统文化和生态环境保护。

保护传统村落需要对濒危建筑进行修缮，并整治那些影响村落风貌的建筑。保护措施还应当尊重本村落内部传统建筑的风貌，以确保其历史和文化价值得到传承和弘扬。除了建筑保护外，保护传统村落的选址格局和周边景观环境的依存关系同样重要。应禁止任何破坏村落景观格局的活动和行为，并按照原有肌理原样恢复已遭到破坏的景观格局。这种保护方式不仅可以有效地保护传统村落文化遗产，还可以使传统村落在实现现代化发展的同时保持其传统特色。

1.4　研究内容

从众多的研究论著当中，可以看出国内外学者对传统村落的研究及保护的关注程度日益提高。本书以中田村为研究对象，研究内容主要包括两部分：一是以中田村的"聚落环境"为出发点，研究其环境、形态、构成、建筑，并分析对现代人居环境建设的启示和意义；二是找出保护中田村传统古村落当前所面临的困难和瓶颈，分析原因，提出科学保护措施并做出相应的整体规划，供相关部门参考。

1.5 研究方法及框架

1.5.1 研究方法

1.5.1.1 文献查阅法

笔者在开始研究之前，搜集、阅读并整理了与研究相关的国内外学术论著，明确了"传统村落""保护"等相关学术词语的概念、范畴和内涵，了解相关理论和实践的最新动态，并对这些文献进行归纳、分类，为论著的研究建立必要的文献综述理论基础，同时对其他文献如县志、家谱及基础资料也进行了系统收集和整理。

1.5.1.2 实地调研法

在论著的准备及写作期间，笔者进行了大量深入细致的实地调研工作，前往中田村调查、访谈、拍照、测绘，充分重视研究资料的真实性、科学性和准确性，采用实地勘察、观察体验、问卷调查、相关访问或向有关部门索取相关资料等方式进行研究资料的搜集和实地调研分析，充分了解中田村传统村落的特点、文化背景及保护中面临的实际问题，为日后研究工作的开展打下了坚实的基础。

1.5.1.3 对比分析法

在对中田村传统村落进行研究时，为了充分认识传统村落形成的背景和特色，笔者还到中田村周边地区和湘南其他地区的传统村落中进行调研，也从文献资料中了解其他地区和其他民族的传统村落民居的特色，将中田村古民居和这些村落进行比较，对比传统村落民居的差异，寻找原因，进行比较分析研究，进一步完善研究成果。

1.5.2 研究框架（图1.3）

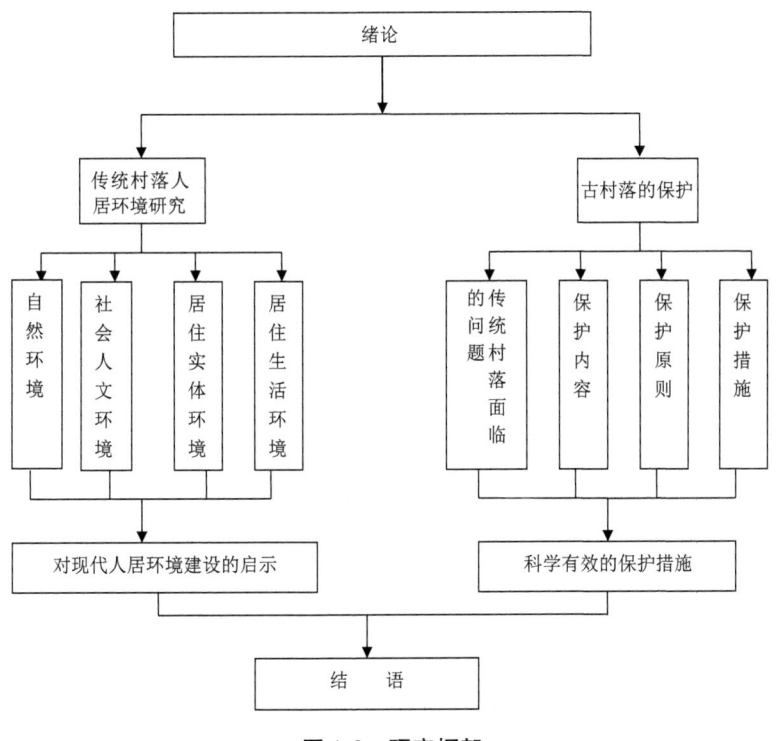

图1.3 研究框架

1.6 相关研究成果综述

传统村落的形成有着它特定的社会、经济、文化、自然背景。研究传统村落不能只研究某一个方面，而是需要把它作为一个整体来研究，这样才能真正全面深入地了解传统村落。对传统村落的相关研究也颇多。例如，最早的关于传统村落方面的专著是刘沛林先生的《古村落：和谐的人聚空间》，由上海三联书店于1997年出版，总结了古村落环境营建经验。李秋香所著《中国村居》深入研究了中国几个典型的传统文化村落的形态、历史及文化特点。

近年来，随着经济的快速发展，自然资源越来越稀缺，人与自然的关系日渐失去平衡。人们越来越热衷于探讨建筑与自然的关系，研究有关地域性建筑的节能技术对现代建筑的启示作用。1940年7月至1941年12月，刘敦桢教授带领中国营造学社的同志们，对我国西康、云南、四川等省进行了大量的关于古建筑、古民居的考察研究，撰写了《西南古建筑调查概况》，首次把民居作为一种建筑类型来研究，阐明民居建筑是我国传统建筑中独具特色的一种类型。真正开展对民居建筑的研究是在中华人民共和国成立之后，20世纪50年代末，刘敦桢教授撰写的《中国住宅概说》，是研究中国古代民居的第一部系统性专著，内容包括中国古代民居从远古一直到近代的发展历程，以及明清住宅的类型，从纵横两个方面对中国古民居进行了全面分析研究，对推动我国古民居的研究起了很大作用。刘致平教授所著的《中国建筑类型及结构》对中国传统建筑的类型与结构特征也做了详细介绍与研究。单德启教授发表的《村溪、天井、马头墙——徽州民居笔记》一文对安徽西递、宏村、碧山村的民居建筑做了深入的研究。

传统村落除了有其物质环境外还有其内在的文化因素。许多富有特色的村落文化习俗已经被列入非物质文化遗产的保护内容。陆元鼎、陆琦撰写的《中国民居建筑艺术》一书首先对我国传统民居建筑的分布、类型、地域和民族特色、历史价值和艺术价值等进行了阐述，并对中国传统民居建筑艺术的总体轮廓予以阐述，然后以各地域和民族民居为主，分类概述了各地不同形态民居的分类、选址布局、聚落的关系、群体以及单体建筑艺术形式的特征等内容。关于传统村落文化因素的研究也有不少，例如，戴志坚撰写的《闽海民系民居建筑与文化研究》、丁俊清撰写的《中国居住文化》、刘沛林撰写的《古村落》、王沪宁撰写的《当代中国村落家族文化》以及雷家宏撰写的《中国古代的乡里生活》都是从文化的角度去研究传统村落的著作。

而随着农村经济的发展以及现代生活方式对传统村落的冲击，传统村落正面临着人为因素和自然因素不同程度的破坏。传统村落是祖辈留给我们的不可再生的遗产,如何保护传统村落是我们亟须解决的问题。我国传统村落保护历程主要分为三个阶段:一是以文物考察为目的的民居保护阶段。对传统村落的研究是建立在文物挖掘和民居田野调查的基础上的,中国最早的由政府颁布的文物保护法规是1930年颁布的《古物保存法》,学者以梁思成、刘敦桢、林徽因为代表,成果有《晋汾古建筑预查纪略》《西南古建筑调查概况》等专著。二是对村落整体性保护研究阶段。学者自20世纪80年代开始开展对传统村落的物质空间进行了广泛讨论,以陈志华为代表的乡土建筑学者们在中国广大乡村地区开展建筑测绘,并对不同地域的传统民居和村落的整体环境进行了系统的调查和研究,从对民居的研究逐步发展到更加宏观的对村落历史脉络和乡村演化机制的讨论,同时也展开了对传统村落社会形态的研究。三是村落区域性研究阶段。通过前两个阶段对传统村落的调查和研究,学者们也将研究范围扩大到全国,在宏观层面的谱系划分上提出了深刻的见解,如罗德胤提出中国传统村落的区域划分,从中观层面关注流域、文化线路和民族谱系的区域传统村落的空间形态和影响机制。

在传统村落保护与发展的关系问题上,罗哲文老先生的基本观点是在保护中谋求发展,他曾经用16字箴言概括:"相辅相成,相得益彰,相互促进,和谐发展"。朱光亚教授撰写的《一个古老村落的保护和发展研究》从一个典型村落入手,研究了古村落的保护与开发的有效途径。唐凤鸣教授等主编的《湘南民居研究》对湘南地区民居保护提出了不少科学建议。

第 2 章
中田村的生活环境与历史变迁

第 2 章 中田村的生活环境与历史变迁

2.1 自然环境与历史变迁

2.1.1 地理位置及地貌特征

庙前镇，隶属湖南省衡阳市常宁市，地处常宁市南部，天堂山下，潭水上游，是"常桂十里画廊"的中心地段，东与桂阳县桥市乡相邻，南与桂阳县莲塘镇接壤，西靠弥泉乡，北抵罗桥镇，东北与西岭镇毗邻。境内火成岩分布面积较广，以花岗岩为主，伴有中偏酸性的花岗闪长岩、少量基性煌斑岩和玄武质玢岩等。大地构造属于华南加里东褶皱区，即华南褶皱，系湘南耒（阳）—临（武）南北褶皱带的北端，衡阳断陷盆地的南缘，分为加里东构造层、海西—印支构造层、燕山构造层。

中华民国后期，常宁庙前镇为培义乡。1958 年，属天堂人民公社。1984 年，改为庙前乡。1995 年 5 月，撤区并乡，将春和乡与庙前乡合并设立庙前乡。1996 年 3 月，撤乡设镇。目前，庙前镇下辖 1 个社区和 11 个行政村（图 2.1）。

图 2.1 庙前镇区域示意图

常宁市境内地势南高北低，呈两级阶梯形分布。南部是塔山和大义山，分别呈北东、南北走向，两山之间夹有庙前—西湖的低平谷地，成为常宁至桂阳的交通要道。常宁市境内有16座海拔1 000米以上的山峰，63座海拔100~1 000米的山峰，构成南部的天然屏障，为第一级阶梯。北部的丘陵、平原相互交错，海拔几乎都在200米以下，地形起伏，为第二级阶梯。常宁市境内地型分平原、丘陵、山地3种。因地处南岭北麓，属中亚热带季风湿润性气候区，四季分明，降水量丰沛。因为塔山、大义山绵亘南部，中部为盆地，有利于空气滞留，春秋天气多变。各年度降水量、日照、气温等气象要素都变化无常。庙前镇总面积78.6平方公里，现辖23个自然村，173个村民小组，4 051户，总人口超16 000人。境内山地、平原、丘陵相间，土地肥沃，盛产稻谷，矿产资源、森林资源和旅游资源丰富。潭水河发源于桂阳的天子岩，潭水河流经全镇，水利资源丰富。衡枣高速公路与庙前古镇相连。省道214线贯通全镇，北达常宁市区，南入桂阳，交通便捷。境内旅游资源丰富，景点有100多处，现在已经开发的景点有中国印山、财神洞、石马景区，是湖南省3A级景区。中田村古民居位于常宁市庙前镇中田村，环境优美，建筑与自然山水交融，仿佛一幅优雅恬静的山水画。

2.1.2　气候条件

常宁市属中亚热带季风湿润气候区，四季分明。由于受大气候影响，加上常宁地形复杂，各年度降水量、日照、气温等气象要素变化无常。年均气温18.1℃，年均日照1 577.6小时，年降水量1 400多毫米，全年无霜期达到295天，降水量常不均匀，多集中在3—6月。

2.1.3　山水环境

庙前镇环境优美。这里青山绿水，风景秀丽，气候宜人，一派秀美的田园风光。这里有中田、泉井、双桥、庙前街等明清古民居群；有东汉时代的墓葬群；有明代的金龙岩摩崖石刻；有抗日战争时期的腊园阻击战遗址；有财神洞、野猪林、地质公园、中国印山等风景名胜区。竹山河穿过古镇流入潭水河，河水清澈，与古街道、古民居、古作坊、古宗祠等一起，营造出一幅"湘南水埠、千年古镇"的历史风情画卷。庙前镇历史悠久，人文荟萃，文化底蕴深厚，镇内有保存完好的古街古屋、郁郁葱葱的翠微峰，人与自然和谐相处，构成了不可替代的资源优势。

2.1.4 历史沿革

历史上，常宁县曾被命名为"新平""新宁"，取"最新平定"和"新的安宁"之意。唐玄宗天宝元年（742年），又改"新宁"为"常宁"，统治者希望境内能"常年安宁"。然而，这里仍然不可避免地发生过几次血腥的战斗。

庙前镇是常宁在军事上、商业上的南隅重镇，古时是兵家必争之地。《同治常宁志》载："明洪武三年，复为常宁县，属湖广布政使司衡州府。""雍正十一年，分桂阳州五十四户地入常宁县。"《李氏宗谱》记载："鼻祖福五郎于明洪武二年，由茶陵调守桂阳州，复戍常宁。永乐二年奉文垦田，遂落屯常宁界……"

中田村古民居建筑群的特色是与常宁历史上的安全形势分不开的。根据《同治常宁志·兵防》的记载，从宋代一直到清代早期，动乱和土匪冲击了当时的官府和官军，土匪还对普通百姓进行劫掠。

为了维护各地安定和巩固统治，明代建立了卫所制度，这是一种寓兵于农、守屯结合的军事制度。常宁市地处衡阳市西南部，紧邻永州市的祁阳县。而祁阳在元明时期有许多少数民族聚集，他们常常与当地百姓发生冲突。为了防御少数民族的叛乱，明朝从衡州卫调出一个千户所到常宁（一般每卫设前、后、左、右、中5个千户所），在常宁设置了守御千户所，并在各个要塞之处设置营堡。清同治九年（1870年）编撰的《同治常宁志》中有清楚的记载："明洪武元年自京师及郡县皆立卫所，二十八年寇窃发，调中千户所官军讨平之，分屯四乡垦荒自给。"

据《李氏宗谱》记载，中田村的老祖宗福五郎就是武官出身，明洪武二年（1369年），由茶陵调到桂阳州（现桂阳县），后调到常宁驻守。永乐二年（1404年）朝廷在常宁实行军屯，并发展生产。由于为朝廷作战多年，屡屡立下战功，福五郎十分喜欢这个山清水秀的好地方，"我祖屯居庙前市，历年守之仰食于国，时惧民赋不足、衣食难给，命各垦田且耕且守……子荣公配雷氏生子四，长志恭开派下麻田即今中田"。

清康熙二十八年（1689年）中田版籍归属桂阳，乾隆元年（1736年）被列为常宁管辖。李氏在此繁衍子孙，聚族而居，至今有40多代人，历时600多年。

2014年，据中田村88岁的现居民李由迪（现住房建于康熙四十八年，即1709年）口述，1958年中田村有人口1 800人，土改时划分成分，中田村有36户地主、7户富农、6户中农，其他为贫农。现有房屋在20世纪60年代进行过大的翻修，最主要的是加高了层高，由原来的一层平房改成了带阁楼的两层房屋（但外观依然是一层）。

据统计，中田村共12组，308户，1 456人，农田面积为1 100亩。中田村农田用地较紧张，无剩余土地作为发展用地。现存古民居建筑中已荒废建筑有216栋，其中158栋得到简单修复后可继续使用，27栋得到整体性修复后可继续使用，其余31栋则不再适合居住。根据建筑布局和面积大小、层数确定修复后可容纳155户居民居住。

2002年中田村被列为湖南省重点文物保护单位和湖南省历史文化名村，2012年中田村被列入第一批中国传统村落名录，2014年获评"中国景观村落"，2019年被确定为第八批全国重点文物保护单位。

2.2 中田村的村民生活

2.2.1 精神信仰

植根于乡土社会中的民间信仰,是在历史发展的长河中公众自然产生的祖先和神灵崇拜的行为和相应的仪式。

这里流传着月光塘的传说。据族谱的记载,此塘始建于清乾隆元年(1736年),面积有数亩,呈半月形,长度为27.6米,周围铺满青石板,有288块。传说月光塘在没有修好之前,中田村后有翠微峰形状似猪,当地人又将翠微峰称为"猪形山",中田村的对面冲山村有一山叫"虎形山",虎与猪相克,两山相较,对中田村非常不利。中田村村民感到很不安,有老婆婆梦见一地仙,地仙告知在中田村禾坪中央修一弯弓形的水塘,对准对面的虎形山,就能压倒对方。月光塘修好之后,村民都前来祝贺,杀鸡宰羊,非常热闹。但杀鸡时未发现鸡胗,他们问原因,老婆婆说被地仙拿走了。离开时,老婆婆嘱咐:"塘里放的鱼,只进不出。"后来中田村愈来愈兴旺,一直延续至今。

中田村齐家之风甚隆。"黎明即起,洒扫庭除,要内外整洁。既昏便息,关锁门户,必亲自检点。一粥一饭,当思来处不易;半丝半缕,恒念物力维艰。宜未雨而绸缪,毋临渴而掘井。自奉必须俭约,宴客切勿流连。""居身务期质朴,教子要有义方。莫贪意外之财,莫饮过量之酒。与肩挑贸易,毋占便宜;见穷苦亲邻,须加温恤。"这些祖训成为中田村村民的治家格言。

2.2.2 互助的生活传统

互助是乡村社会生产生活中一直普遍存在的现象,它构成乡村日常生活的重要组成部分。建立在乡土文化传统基础之上的"互助"正是我们理解乡村社会的关键。传统的互助伦理是传统村民的生存方式,这种生存方式建立在自给自足的自然经济基础之上。人们要维护的是一种道义责任上的人情、物和劳动之间的交换关系。

在乡村生活中，村民间的互相帮助主要有两种形式：① 血缘互助，包括家庭内互助、家族互助、旁族互助、拟血缘互助和姻缘互助。血缘互助是常宁市中田村传统村落社会生活中主要的互助形式，具有先赋性。像生产、建房、婚嫁、丧葬等大事主要采取这种互助形式。② 地域性互助，这是由不同的血缘团体因生活在相邻近的地域而产生的互助形式。常宁市中田村地域性互助主要表现为日常生活中互借农具、互借生活用品、赶集捎物换物、传递信息、临时看门守院、照看小孩老人、聊家常解闷、共同娱乐等。在突发急病、灾难、婚丧嫁娶举办酒席时，邻里村民更是尽力提供帮助。

例如"舂糍粑"，曾是中田村一项重要的民俗活动，在祠堂里还有舂糍粑的设备。舂糍粑逢年过节时随处可见。制作糍粑的过程中，常常是几家人合作，男女老少齐上阵，热热闹闹，也少不了小孩子们的凑兴。

舂糍粑的具体过程如下：首先，将糯米淘洗干净。将洗好的糯米滤干水后，在一口大铁锅上置一木甑，待锅里的水烧开后，再将米舀进热气腾腾的木甑中，用旺火蒸煮 2~3 小时。待糯米快蒸熟时，用文火再蒸煮一段时间，然后就准备打糍粑。这种纯手工通过特质石材凹槽冲打而成的糯米糍粑，虽然制作很费力，但成品柔软细腻，趁热蘸些黄豆芝麻粉和白糖吃，味道极佳。打糍粑是个力气活，一人一根木槌，相对站立。两人握住木槌使暗劲将石臼里的米饭捣烂；然后扬起木槌对打，你一下我一下，此起彼伏。打的过程要趁热打，越快越好，如时间久了，米饭冷了不仅难以打烂，而且手捏糍粑时也捏不动。同时，打糍粑还得有技巧，要不时用木槌将糍粑撬起翻动；否则，有些没打着的地方仍是饭粒，影响糍粑的口感。还有，打糍粑时要有眼色，把握好节奏，不然，就会将木槌砸在对方的木槌上或石臼上，不仅虎口震痛，木槌也易被砸烂。因此，并不是每个有力气的男人都会打糍粑。一场糍粑舂下来，舂糍粑者往往气喘如牛，手臂酸痛，虎口发麻。经过一阵"嘭咚、嘭咚"的打砸后，将打烂的糯米从石臼里抠出来，二人将木槌架起来，合力往上一拉。经过近10分钟的捶捣，一大团热气腾腾、散发着木桶饭清香的糯米糍粑便新鲜出炉了，让人难抵诱惑，食欲大开。可趁热将新鲜的糍粑分成小块，再蘸上细腻的米粉防粘，方便取食。

李氏家族成员之间注重诚信，互相帮助，以和为贵，孝顺为尊。村民友善和睦、谦恭礼让，这种民风世世代代相传，已经刻入人们的思想观念中。这不仅有利于家族成员间的和睦相处，更有利于家族成员增强对本宗族的认同感和归属感。《李氏宗谱》中有"兴旺承祖泽，荣华继万代，英俊定乾坤，贤才传后生"的辈分排序，字句之间，将仁者的友善之风以辈分用字传承下来。

2.2.3 习俗

习俗作为传统村落的一种文化象征，反映了当地的文化特征和当地人的社会生活风貌。传统村落的习俗是以农业为基础的生产方式决定的，具有广泛性与传承性，涉及生产生活的方方面面，包括生产生活习俗、文化娱乐活动等，是村民精神生活的重要组成部分。

1. 开秧塘

在中田村，插秧俗称"开秧塘"。在插秧前，村民会选一个吉日，请帮工来插秧。开工前，主人和帮工会豪饮美酒以示祝贺，下酒的菜肴中一定会有咸鸭蛋。喝完美酒后，由长者先下田种下第一株秧苗并祈求丰收，这就是"开秧塘"，然后才是全体帮工下田插秧。插秧时，大家一边插秧，一边说笑拉家常，秧田里不时传来阵阵说笑声，人们在互帮互助中享受劳动的乐趣。插完秧后，如果有秧苗剩下，就将其抛上屋顶或是堆放在田埂上，以求得有个好收成。待秧苗插完后，主人会拿自家最好的酒菜款待帮工。酒菜里的腊肉是大家都喜欢的一道菜，另外还要有一道必上的菜就是"蛋卷"，被称为"草皮贴田地，保水又丰收"。

2. 尝新

稻谷丰收后的第一餐叫作"尝新"，村民们一般全家团聚在一起，甚至连已经出嫁的女儿也会回家团圆，共享丰收后的第一顿美酒佳肴。酒桌上有一道必不可少的菜肴就是活水煮活鱼（这一道菜至今仍是常宁乃至整个衡阳地区的名菜），表达了"年年有余"的寓意。

3. 节庆

在中田村有两个很隆重的节日，就是春节和七月半。

春节是中国最隆重的传统节日。春节时，过节的气氛甚浓，礼仪繁多。初一凌晨，各家竞相燃放鞭炮，俗称"开财门"。接着，男性穿戴整齐，由长者率领，在祠堂举行"纳财""敬神""挂红"等仪式。待仪式结束后，各自回家向长辈拜年。早餐后，各家仍由长辈率领，到亲友家"出行"，或上祖坟"拜祖年"。读书人喜欢在这天"发笔"，用红纸书写上"元旦发笔，大吉大利"等吉语。从大年初一至十五日，均为拜年时节，熟人初见面，互相抱拳祝福，并且有"初一崽、初二郎、初三初四女拜娘"之例规。元宵节旧俗是夜张灯为戏，故亦谓之"灯节"。元宵夜，阖家团坐，吃汤圆或元宵。

七月半俗称"鬼节"，是先人过节的日子。阴历七月初十，每家每户开始洒扫庭除，桌椅板凳、大小门板都要打扫干净，院子禾坪要清除杂草，整平扫净。当天下午，每户人家都显得比其他时候更清洁整齐，面貌一新，因为从这天晚上开始，各家先人将"回来暂住数天"。初十傍晚，在湾畔主干道边上，会摆一溜篮子，篮子里是水果和米做的糍粑。各家再摆上糯米酒酒壶，焚香烧纸，默念恭请先人回家。稍大点的孩子放鞭炮，数个年高望重的长者，拿了香、纸将先人请入正堂屋，俗称"种饭"。然后大家在一起商量，将之后五天供先人的饭餐分配到各家。各家将轮流在这里祭奠先人。七月十一开始每天将供四餐饭，早饭、腰餐、中饭、晚餐。早饭、中饭为正餐，要有十个菜，肉鱼鸡三牲全要有；腰餐、晚餐供面食。在正堂屋的上厅两张八仙桌各摆一桌，在进正堂屋的台阶旁另外再摆一桌，这一桌是给客死他乡及早逝无后的先人摆的。食物摆上，杯筷齐全，斟酒之后仍然是焚香烧纸鸣炮，默请先人用餐。在席间要倒三次酒，烧三次纸钱。约半个钟头之后再放鞭炮、烧纸请先人离席，离席后要移动凳子才可以收拾酒食。酒食撤下挑回或用托盘托回家里，亲友们一起享用。十五晚上这一餐会较早上供，因为当晚先人得走了。这天下午，各家将前些天买来的各色彩纸叠好，在小纸条上用毛笔写上各位先人的尊称，和打过孔的厚黄纸钱一起放在各色纸内，这些是给先人的衣服布匹钱钞。傍晚时分，各家把准备好的彩纸搬到路边，彩纸下先垫一层晒干了的丝茅草，焚香烧纸放小挂鞭炮，再点燃丝茅草，将彩纸烧化，再将各家大量的鞭炮聚在一起燃放，送走先人，然后大家离开，离开时候还不能回头看，据说是怕被阴间招走。

2.3　文化背景

2.3.1　儒家思想与道家思想

1. 儒家思想

"儒，柔也，术士之称。"这是许慎在《说文解字》中对"儒"的解释。西汉董仲舒提出"罢黜百家，独尊儒术"。儒学经隋唐科举的引导而兴盛，到程朱理学达到顶峰，再到清末废科举而最后走向没落。但儒家思想已变成"基因"深深地植入中国人的精神生活中。在一定程度上，讲"国学"必谈儒家思想。

住宅建筑是家的象征，它主要体现出儒家文化对血缘关系的重视，符合"礼"的要求。民居宅院是出现最早也是最多的建筑类型。中田村民居受儒家思想中的"礼"的观念的影响，反映了尊卑、长幼、男女之别的家庭关系和荣辱、贵贱的社会关系。儒家"尚中"思想造就了富有中和情韵的道德美学原则，对中田村古民居的创作思想、建筑风格、整体格局等方面有明显影响。

整个村落和每户民居都是中轴对称布局，形成了以"中"为特色的传统建筑美学特点。

2. 道家思想

道家"天人合一"的思想对中国传统村落的发展影响深远。它强调人与自然融为一体。天，多指自然、天道。天人合一，多指人与道合而"天地与我并生，万物与我为一"的境界，也指天人相合相应，在建筑中表现为追求"人—建筑—自然环境"的和谐统一，也就是追求建筑与自然的"有机"美，强调建筑与周围的自然环境融为一体，主张整个环境在形式和功能上要有机结合。这种"天人合一"的思想，在中田村建筑中具体表现在以下三个方面。

（1）顺应自然。

整个古民居建筑的布局与设计顺应地形地貌、气候条件、山水环境等自然因素，达到人为与自然的和谐。如古民居依翠微峰而建，完全融入自然环境中，以达到与自然环境相协调。

（2）师法自然。

儒家注重修身养性，因此巧妙地吸取自然的形式，使建筑与自然达到统一。中田村传统村落总体布局、组合都合乎自然。道家"师法自然"的思想在中田村传统村落营造上的影响，主要表现在对自然材料的运用和文脉历史的传承上。庙前镇盛产花岗岩，石材因此被运用到房屋建造中，体现了道家师法自然的设计思想。

（3）因借自然。

把自然的美景通过窗、阁、亭等引入建筑中，是一种"借景"的手法。在中田村传统村落中，人们主要是通过窗和巷道借景。

2.3.2 中庸观念

"中庸"是中国人行事的准则，儒家把中庸思想看成是天下之正道，其"致中和"的实践体现了宇宙的本然秩序。"中庸"强调和谐，讲求中庸、中和的人生理想和人伦观念，认为万事万物不可走极端，应遵循中庸之道，使世间万物得以共存，并达到和谐的状态。

首先，中田村传统村落体现了中庸之道所强调的社会的一种内聚性。祠堂位于村落的中央，以维系村落的秩序与和谐，民居以堂屋为中心，使几世同堂达到和谐内聚。其次，中田村传统村落体现了中庸之道的圆融性，模糊了房屋内外的界线，突出建筑和自然环境的共同点来使其和谐，以体现中庸的思想。屋顶、墙体、门窗等作为分隔与沟通古民居内外空间的手段、中介和过渡，设计巧妙，使房屋内外相协调。这种情况在中田村随处可见。

2.3.3　耕读文化

中国的"耕读文化"讲究"耕"与"读"的结合，是半耕半读的世外桃源式理想生活的文化表现。"耕"是经济基础；"读"是精神追求，考取功名，可光宗耀祖。中田村建有文书房，是专门供村民读书的地方。庙前古镇有自己独特的民俗文化。在中田村人们注重诗书传家，每逢节日，大小舞台都能看到花鼓戏表演，村民将本地独特唱腔融入其中，创立了自己的"南笛北调"。

2.3.4　宗法制度

在封建宗法制度的影响下，中田村传统村落民居表现出的最大特点是规范化，具体表现为：一是聚族而居，村落中各族宗祠、民居的界域分明。二是村落讲究群体布局，以"天人合一"和师法自然为理论依据，如不符合要求，则需设法修改或弥补，现有祠堂前半月形水塘就是一个很典型的例子。

从村落入口处看整个村落，中田村传统村落总体布局以祠堂为中心，民居群位于其两边与后面；祠堂如众星拱月一样被簇拥着，其突出的空间位置表明了宗法观念至高无上的地位，也便于宗族成员在其中举行议事、祠祭、行使族权等活动。其他民居的规模都不能超过祠堂，更不能影响村落整体的建筑格局，以此来共同维护宗族的繁荣昌盛。民居内部的空间布局是：进门是过厅，中间跨越一个天井，即类似北方民居中的"堂屋"空间，两边布置睡房与杂房，左右两边并不严格对称，大都布局灵活。这与北方民居差别较大，也反映了宗法制度对于南方民居建筑的影响远不如北方。

  总之，中田村的山水自然环境和历史文化背景是中田村村落形态构建的主要考虑因素。中田村在经济上以自给自足的农业生产为主。祖先和神灵崇拜是中田村村民的精神信仰。传统的乡村互助是中田村日常生活的重要组成部分。中田村的习俗具有广泛性与传承性，涉及生产生活的方方面面。习俗是村民精神生活的重要组成部分。文化上，受中国传统文化的影响，儒家思想和道家思想对的古民居创作思想、建筑风格、整体格局等方面有明显影响；"中庸"观念决定了中田村民居的内聚性及圆融性，耕读文化也深深地影响着这片土壤。在宗族伦理上，以血缘关系为基础的宗法制度影响着整个中田村村落生活秩序的构建，同时影响了整个中田村的物质环境。

第 3 章
中田村传统村落形态与构成要素

3.1 村落构成以"御敌"为核心的聚族而居模式

中田村古民居建筑群最突出的特色是有很强的御敌作用，它的形成与常宁历史上恶劣的治安状况分不开。根据《同治常宁志·兵防》的记载，从宋代一直到清代早期，当地动乱和匪患频繁发生，官府和官军受到冲击，百姓也屡遭劫掠。

为了维护各地安定和巩固统治，明代建立了寓兵于农、守屯结合的卫所制度。而据中田村《李氏宗谱》记载，中田村李氏先祖是军官，常宁设置千户所后，李氏先祖从桂阳带兵来到军事形势非常紧张的常宁。到了明代永乐年间，李氏祖先子荣公一家来到庙前镇，"我祖屯居庙前市，历年守之仰食于国，时惧民赋不足、衣食难给，命各垦田且耕且守……子荣公配雷氏生子四，长志恭开派下麻田即今中田"。于是李氏祖先在此繁衍子孙，聚族而居，至今已经有40多代人，历时600多年。

康熙二十八年（1689年）中田版籍归属桂阳，乾隆元年（1736年）划归常宁管辖。

追溯历史，中田村古民居的先祖来自骁勇善战的明代地方军队，他们驻守在中田村，和平时期下地耕田、枕戈待旦，一旦有战事发生便英勇应战，平常生活的村落也就建成进可攻、退可守的堡垒。因此，中田村古民居群落有很强的防御功能，到处都散发出强烈的军事气息。

中田村传统村落曾经是庙前镇货物集散的"仓库"，这是由中田村特殊的地理位置决定的。村子与庙前镇只有翠微峰一山之隔，抵御外敌的时候，既可以方便镇上的人员有效及时地支援，又可以让村中村民隐蔽、安全地往后方撤离至庙前镇。整个民居由一个个坚固的堡垒组成，后方倚靠翠微峰天然屏障可以及时得到庙前镇的支援或撤离到庙前镇，令人不得不感慨中田村传统村落空间设计之妙。总体来说，中田村处于南北通道旁边山体的凹陷处，隐蔽且安全。

《李氏宗谱》还记载："我朝（即清朝）崛起治定不复用兵，偃武修文，息军为民。康熙二十八年，府宪虑提奏裁卫所"。随着当地少数民族的安定，卫所这种"寓兵于农"的体制自然也就消失了。于是，中田村的"堡垒"就还原成了民居，至于那些"堡垒"曾经在历史上的原本面貌也就渐渐隐去，但是其痕迹至今依然可以找到一些。

在中田村，巷道里层层设置了防御，处处布满了抵御"外敌"入侵的机关。中田村古民居建筑群的巷子不宽，非常规整地遵守着同样的尺寸，只能容下两三人并排通过，易守难攻。每隔几米远，长着青苔的石板路上就有一个长条石，上面布满了圆孔槽。以前巷子里有许多木栅栏，这些长条石就是安装栅栏的构件。这样在巷子里形成了一道道关闸，随时都可以将巷子分隔成一段段的封闭小空间，拥有很好的防御功能（图3.1至图3.3）。

图 3.1　厚实的大门、小窗及外墙小孔

第 3 章 中田村传统村落形态与构成要素

图 3.2 固定栅栏的插孔

在中田村传统村落建筑群，可以看到到处布满了抵御"外敌"入侵的机关。"敌人"想在这个建筑群上寻找到攻击的软肋，那几乎是不可能的。这里的建筑，用石头门框代替了木门框，用箭孔代替了木窗户，每座独栋的房屋都至少有一个天井用来采光和通风。走在村子里，感觉像走进了迷宫，整个建筑群没有明显的主次干道的区别，街道内多设置尽端式道路，交叉处一般是丁字路口，使得中田村传统村落空间形态错综复杂。这些，都提升了村落的防御性。

图 3.3 外墙的瞭望孔

中田村古民居建筑群与湘南其他传统村落的建筑风格有些不同，房子基本上无廊无檐，临巷面的窗户都是十分狭窄的条形小窗，门槛也高低不一。其实，这种独特的建筑风格是有它的作用的：不露廊檐是为了不让"外敌"轻易点燃房子，方便房子里的人观察外面的动静；狭窄的条形小窗可以让房子里的人通过投掷石块、搭弓射箭、倒沸水等来攻击"外敌"，同时还可以用于房内通风和采光。而门槛是户主身份的象征。有权有势有钱的人家，门槛就修得高一些；无权无势无钱的人家，门槛就修得低一些。

中田村所在的庙前镇历来就是一个军事重镇，既有地理优势又有人工防御工事。而且，这里盛产大理石，丰富的石料为中田村修建坚固堡垒式的古民居群提供了便利。

3.2 村落选址

3.2.1 崇尚自然和天人合一

在中国几千年封建历史时期，农耕社会占据主导地位。由于当时生产力低，人们认识自然、改造自然的能力不高，所以自然条件的优劣对农业生产起着决定性作用。因此，如何有效地利用自然优势、避免劣势，就成为人们选择居住地最重要的标准。在长期观察与选择自然环境的过程中，人们从最初的满足安全性、实用性需求逐渐扩大到满足精神、心理的需要，并且希望居住地与周围自然环境相和谐。在长期建村选址、营宅造院的过程中，古人逐渐形成了一整套系统的程式和思想体系，并且不断地发展与提高。中国古代的"天人合一"思想，在中国传统建筑文化中占有非常重要的地位。中田村古民居在村落的选址布局上，遵循着不破坏自然环境的原则，强调建筑与自然环境的和谐统一，强调"天人合一"的意境，强调崇尚自然、利用自然。自古儒、道两家都强调"天人合一"的思想，中田村古民居也不例外，整个民居地势后高前低，背山面水，负阴抱阳，

第3章 中田村传统村落形态与构成要素

呈围合的形态，小溪贯穿整个古民居，体现了人们对自然山水的热爱，人与自然和谐相处，反映了"天人合一"的思想。

在中田村，当地居民一直追求家庭和睦、丰衣足食、人丁兴旺。要实现这些愿望，除了人的主观努力外，当时的居民认为还有一个非常重要的因素就是民居的选址要顺应自然。中田村古民居的后山是翠微峰（图3.4），整座山像一个小巧精致的森林公园，是民居的天然屏障。山体是大理石质，表层只有微薄的土壤。树木从石缝里生长出来，非常茂盛。村前是一片月光塘，据《李氏宗谱》记载：村中一位70岁的老婆婆捐出其嫁妆，集族人在村落前修筑弓形月光塘，在起到美化村落的作用之外，也让整个村落有了灵动的生气。民居右侧和月光塘前方都是田塘，视野开阔。竹山河环绕村庄，有两条小溪穿过古镇，形成了玉带环抱之势，俗称"金带环抱"，象征着纳气聚财。而中田村古民居恰好处在山水环抱的正中央，地势平坦，前低后高，形成了背山面水、负阴抱阳的格局（图3.5），建筑群与周围的自然环境有机地融为一体，巧妙地表达了人们追求"天人合一"的愿望。

图3.4 翠微峰山体

图3.5 月光塘

3.2.2 村落选址的生存要素

传统村落的生产方式是建立在落后的自给自足的小农经济基础上的。村民选择村落的地址都是靠近农田、溪流、山林的地方，因为这些地方可以方便人们生产与生活，能满足村民生存和生活的需要。人们在村落选址时会考虑促进农业生产的需要、良好的居住生态环境、安全需要以及创造独特的村落意象的需要。

（1）促进农业生产的需要。为了农耕的需要，村落选址要具备：耕则有其田，艺则有其圃，伐则有其山，渔则有其水，饮则有其井，行则有其道，居则有其宅。既要满足生活所需，又要满足生产要求。中田村有两条溪水环绕，有利于农田灌溉，提高农作物产量。村子几乎四面环山，有足够开发之地，村内几处鱼塘除了农田灌溉和建筑防火蓄水的作用外，还有另一个用途，就是满足水产品的养殖需要。饮水则有井，在建筑群300米之外有三口井，就是满足生活用水所需，当然自山上流下的山泉水也是饮用水的水源之一。

（2）良好的居住生态环境。中田村古民居，选址在北靠印山主山等大山脉,南侧较低。北侧主山高大,群山拱卫围合而成的盆地"宜于抵御风沙"。南侧翠微峰低矮,有利于阳光照射,并使夏季的东南风流入盆地,促进空气流动,带走盆地内的热量,而北侧山脉高,可阻断冬季主导风西伯利亚冷高压产生的西北寒风,使得村落所处盆地内冬暖夏凉,具备良好的居住生态环境。村落建筑基本上坐南朝北,日照充足,采光良好,对居民的健康也非常有利。

(3)安全需要。安全是人们在进行村落选址时要考虑的重要因素,人们只有在保证了生命安全的前提下才能有效地进行生产与生活,故村落的选址首先要考虑"避免"自然灾害,如地震、洪水、旱灾、泥石流等。除此之外,人们还要考虑防御外敌的入侵,所以村落的选址一般也会选择适合防御的地点。中田村四周山体环绕的自然环境,形成了天然屏障,提高了村落的防御能力,且中田村民居处处可见具有防御功能的设施设备。中国传统建筑多为木构建筑,容易发生火灾,在中田村传统村落中人们挖掘了许多鱼塘,并且有两条溪流环绕村落,一方面满足了农作物生产和养殖的需要,另外一方面也是供建筑防火蓄水之用。

(4)创造独特的村落意象的需要。中田村位于群山包围的盆地,群山形成村落意象的边界,使山与村落相衬围合的意象得到了强化。这里有东汉时代的墓葬群;有明代时期的金龙岩摩崖石刻;有野猪林、财神洞、中国印山、地质公园等。竹山河穿过古镇流入潭水河,河水清澈。古街道、古民居、古作坊、古宗祠等形成了独特的村落意象。

3.3 聚落环境格局

中田村的村落选址有其独特的一面,可以说是中田村的先民选择了这一块地域作为族人的栖身立命之所,同时也可以认为这是自然对人的选择的结果。中田村的聚落环境如图3.6至图3.8所示。

图 3.6 聚落环境（1）

  此地以中田村的"禁山"翠微峰为核心，形成一处南北长约三公里、东西宽约两公里的小盆地。翠微峰的相对高度不过二三十米，从地形地貌上很难被认知为"峰"，不过是一个由大小石块堆积而成的小丘。村落正对的印山，平均高度也不过一二百米，但是从石质上判断，印山与翠微峰的山石是同一种岩石，同样具有喀斯特地貌的特征，山石的缝隙之间水流冲刷的迹痕明显。中田村所在的盆地可以推断为一处由于雨水长年冲刷山体，山上泥沙俱下，堆积于低洼之处而形成的平地。山体表面泥土被雨水剥离之后，形成目前嶙峋堆聚之势。而另一个推断是，靠近山体的位置，土地必定薄而贫瘠，而盆地中离山体远的地方，土地将厚实而丰腴。从自然地形地貌上选择，必定会将厚实丰腴的土地作为耕地，而将贫瘠之地作为居所建房之处。同时，离山体越近，建筑所需石材也必定越容易获取。翠微峰是中田村的"靠背"，是全村的一种心理依托，背后有山，而且山上几乎无路可循，杂树丛生，极难行走，更不可能藏下许多人。正是背后这座"禁山"所带来的安全感，才使得一座小小的石丘被称为"峰"。

  翠微峰上的树木是严禁砍伐的。山上的树木，经实地勘察，未见任何砍伐的痕迹，可见村民对树木的重视。这些树木像是一排排卫士，日夜守卫在中田村的身后，起到护佑安守的作用。如果说"天人合一"理念在中田村有所体现，那么翠微峰和上面的老树则是沟通"天"和"人"的桥梁。

图 3.7 聚落环境（2）

图 3.8 聚落环境（3）

为了节约耕地，少占农田，中田村的房屋尽可能集中在翠微峰一侧的山脚下。中田村的水源有两处，一处是农田灌溉用水，来自绕村而过的小河，河流水质一般，不可直接饮用。这和许多盆地中的水流是一样的，一般溪水离开山地以后，流速变缓，水面变宽，但水质也容易被污染。另一处是"禁山"后的自流井，井水常年自溢而出，为全村人提供饮用和生活洗涤用水。中田村地处盆地中央，相对形成一个独立的小气候，盆地内有水流经过，夏季起到一定的调节温度的作用。盆地四周的山体也在秋冬季节阻挡了部分寒风对村落的侵袭。

3.4 村落布局与空间形态分析

3.4.1 村落布局

乡村聚落的形成主要有特定的自然地理条件以及人文历史发展两个因素。当地的自然地理条件和人文历史发展的外在反映就是聚落的外部形态。湘南地区传统村落一般背后靠山，前有小河环绕，不远处有田地，有村前广场，在广场前有一方形或者半圆形池塘，当地人称为"龙池"或者"明塘"。湘南古村落都建有祠堂，一般位于村落前方。有的村落设多个祠堂，有大小之分，小的称支祠或祖厅，大的称为祠堂。在中田村共有六个祠堂，分别是文书房、武书房、明慧祠、凰房祠、公祠堂、李氏祠堂。祠堂的朝向与民居的朝向一致。当地的乡村住宅严守"前栋不能高于后栋，民居不能高于祠堂"的规定。中田村的公祠堂建在月光塘的后面，前面没有任何住宅，有一宽敞的广场，平时也可以作为晒谷坪使用。由于中田村有很强的军事色彩，强调防御性，所以巷道都比较狭窄。

整个中田村传统村落布局与大多数传统村落一样，基本上由村口、宗祠、庙宇、街巷、溪河、沟渠、民居院落等要素构成，形成了溪流穿村、巷道纵横交错、院落毗邻相接、宗祠占据中央的肌理形态。中田村的街巷构成整个村落形态的骨架系统；村落的文化娱乐活动中心集中在祠堂，逐渐形成了整个村落的精神文化中心；开放空间系统便是村落前的月光塘与祠堂前的广场。中田村重要的景点要素有石桥、月光塘等。祠堂、庙宇、广场、门前、井台构成了人们日常交流的场所。所有这些点、线、面的空间要素，构成了中田村传统村落丰富的空间系统。村落的布局还体现了农耕社会追求与自然顺应的自然观，表现出一种环境优选取向。中田村最大限度地利用地形和地物条件，其中建筑体的布局、街巷空间的形成顺应自然，强调自然主义，注重人与自然和谐共生，力求整个村落与自然融为一个整体。

同时，中田村传统村落的布局也有它独特的地方，主要体现在防御文化方面。当时李氏福五郎本身就是武官，迁居于此后，为抵御外敌入侵，整个村落的布局选址主要考虑的是防御功能。据推测，这里有可能是湖南最大的一个军事村堡。半月形水塘形状似一张弓，而其南岸祠堂的屋顶插剑，其实也是军事防御的一种象征。中田村利用翠微峰与潭水河作为天然的防御屏障，构筑了坚实的防御堡垒。街巷狭窄多是为了起到防御作用。中田村地处南岭北麓，属中亚热带季风湿润性气候区，四季分明，降水量丰沛。塔山、大义山绵亘南部，中部为盆地，有利于空气滞留，春秋天气多变。村落的布局尽量适应这种多变的天气。整个村落田地和村前的月光塘、广场属于低温空间，而民居里的正屋、堂屋等空间属于高温空间，这就形成了温差，冷热空气进行交换，自然风也就形成了。在冬天，北方吹来的寒风被村落以北的印山挡住，冬天自然也就暖和一些。中田村传统村落还体现了建筑物的真实之美。大部分民居单体都是就地取材。由于中田村所在的庙前镇盛产大理石，所以墙、门、跨溪小桥、街巷、井台等都是用大理石作为主要材料，并且没有什么装饰。房屋虽有石雕和木雕，但木雕在中田村极少。这些雕刻的内容多为纹饰、鸟兽、花草、吉祥物等。作为建筑主材的山石、木材等都保持着它们天然的本色，表现了顺应自然的理念。

3.4.2 空间序列特征

中田村是湘中南地区少见的经过科学规划的传统村落，而不是自然生长的村落。自然生长的村落的特征是随着人口的膨胀，村落本身也呈"环形"膨胀，并在膨胀的过程中，随着各自的"房派"形成"团块"结构。中国许多现代化的城市依然在重复这种"自然生长"模式，北京城是其中的典型代表。与这一类村落不同，另一类村落则是从选址开始就同时进行规划，往往村内的交通流线非常清晰，可以用"横平竖直"来形容。这一类村落的优点是最大限度地节省土地，同时便于相互守望，门户相对，一家有事，四周的住户可以提供帮助，安全性非常高，并且交通便利，公用道路的修筑长度也最短。中田村即为后一类经过明显规划的村落。这类村落的始迁祖或村落大规模兴建时期的主导者本身一定要具备两个特质:一是有知识有远见;二是性格必须强势,在村中有统一号令的能力,否则各家各户各自为政,村落的形态必定是散乱的,无法形成像中田村传统村落这样的规整形态。从村落正面望去,中田村以祠堂为中心,祠堂前面是半月形的水塘,背景是翠微峰。祠堂两侧是高低相同、体量一致、建筑立面近似、所用建筑材料和建筑手法也相同的民居建筑。在晴朗的天气,塘中天光云影徘徊,山下青砖雅居排开,塘中倒影与实景形成一幅上下对称的画面。

3.5 村落构成

中田村拥有形态完整、风格一致的 5 条历史街巷、1 条河道、2 条小溪,总长度 5 800 米(表 3.1)。

表 3.1 历史街道、河流相关信息

序号	名称	长度/米	简介及主要特色
1	老新街	700	与新街相交,商贸街
2	东街	300	青石、白石街面
3	庙前街	500	青石板路
4	子荣街	300	青石板、白石板路
5	新街	700	商贸街
6	小溪	2 500	清澈见底
7	竹山河	800	穿古镇而过,水流平浅
8	古道	200	青石板路
9	潭水河	1 200	与常桂公路平行,蜿蜒穿过常桂公路流入大河桥,北上汇入宜水流入湘江

3.5.1 街巷

在传统村落中，街巷通常是承担村民交往、休闲、集散等功能的开阔空间，是村落结构的骨架。街巷也是中田村古民居的筋脉，构成中田村古民居的建筑风格特色之一。它曲折、四通八达，联络着整个建筑群，密切着整个家族里各自为政的一个个小家庭的关系。现存的主要的几条巷子，最宽的巷子净宽有3.7~4.0米，一般的巷子净宽在1.9~2.6米，房屋之间的小道，净宽相对就要小一些，一般在0.9~1.4米（图3.9至图3.11）。据统计，中田村古民居共有108条街巷，均是由青石板铺成。庙前镇矿产资源丰富，尤其盛产大理石，因此整个建筑群的街巷都铺设着大理石。石板大小不一，在一条小道上测量，最大的石板规格是90厘米×67厘米，最小的石板规格则是90厘米×38厘米。曲折幽深的巷道既是不同建筑个体的分界线，又是其交通联系通道，使各片房屋联结为一个整体。这种布局使得雨天鞋可不沾泥，热天赤脚走在巷道上倍感凉爽。除了节约用地之外，街巷狭窄而幽深也是为了适应湘南地区春季雨水多而夏季闷热的气候。街巷狭窄再加上屋檐，能够避免人在街巷里行走被雨淋湿及夏日阳光的直射，从而保证活动场所的阴凉之感。同时在常宁当年动荡的历史时期，街巷的宽度只允许行人通过，而马车是不可能通过的，这样居民安全得到保障，狭窄的街巷在当时起到了抵御外来侵略的作用。此外，巷道还是很好的防火带，一旦发生火灾，火势会被阻止而不会蔓延。几百年来，中田村古民居未发生过大的火灾，除民居前的月光塘和环村的溪流提供灭火所需的水源外，与这精心设计的御火"长城"有很大关系。因此，中田村传统村落的居民为了适应当地春季多雨夏季闷热的气候变化、节约耕地面积、保障居民的安全，营造出的巷道空间的形态特点就是狭窄且幽长。

图 3.9 青石板铺的街巷

图 3.10 主干道

图 3.11 分支路

3.5.2 水系

中田村的水系基本上和道路平行,一般都在路边。水系一般包括自然水系和人工水系。中田村的自然水系中竹山河环绕村庄,有两条小溪穿村而过(图 3.12)。人工水系是指村落里面的水渠,基本上是和街巷挨在一起的,其中排水系统的水沟宽 50 厘米左右。在中田村,排水分为两种:一种是村落排水(图 3.13),另外一种是住宅排水(图 3.14)。中田村主要通过天井和房屋四周进行住宅排水,雨水从屋顶坡面落到街巷和低于地面的天井,天井会积蓄一部分雨水,大部分雨水会从阴沟排走。

图 3.12 活水穿村

天井的排水管设计藏而不露，天井与阴沟之间有通道相连，通道的设置由上而下、左右转弯。在雨季，雨水会迅速流入排水系统，最终排入村前的月光塘里。因此，在中田村，积水问题几乎从未出现过。在排水通道出口的地方刻有铜钱纹样（图3.15），铜钱的造型寓意纳财，因为当时中田村有遇水则发、以水为财的习俗。

图3.13　村落排水

图3.14　住宅排水

第 3 章 中田村传统村落形态与构成要素

村落排水是通过各种渠道把水引入村旁的溪流，再流入水库。中田村村民会定期维修排水渠道以保证其畅通。生活用水的水渠宽为90厘米，并且每隔10米左右设置一个低于路面的石台，据当地的居民说，石台可供人们在取水时或洗菜洗衣物时站立（图3.16）。生活用水来源有两个，一个是离村子大约300米处的三口井，成品字形排列，每口井旁的地面上都有文字说明井的用途，其中最上面的一口井写的是"担水"（这口井是用来饮用的）；下面两口井中一口写的是"洗菜"（这口井的水源源不断流进水渠里，水渠的地势低于此井），另一口外面的字已经看不清楚，当地的居民用它来洗衣物。生活用水另一个来源是山泉水，山泉水流到水渠里与井水汇合后流入古村内。有部分居民在自己家打了水井，也只是用来饮用，洗衣物洗菜他们还是选择到水渠边（图3.17、图3.18）。

图 3.15 出口处多刻有铜钱纹样

图 3.16 用于站立的石台

图 3.17 划分功能的水井

图 3.18 井水流入水渠

3.6 村落朝向

  中田村几乎所有的房屋都尽可能朝向一个方向。若以月光塘前的宗祠大门朝向为基准，全村的朝向为面向北方，指南针显示为北偏西 22.5° 左右，即八卦中的"艮"位，"艮"为"山"位。我们无从考证选择全村朝北的原因，安徽的徽商有住宅面朝北方的习俗，因为五行中南向为火，而火克金，商人求财，克金当然不利。而北向为"水"，"水"主财，因此宅第大门向北。但中田村有宗谱记录，村庄始建者为武将，而兵家习惯不向北开门，有败"北"之嫌，因此兵家之门多向南开。中田村的全村北向为何意？有"弃武从商"之意也未可知（图3.19）。

图 3.19　古村落朝向

3.7　公共活动中心

3.7.1　宗祠

宗祠是古代宗法制度下以血缘为联结的村落里最重要的建筑物，主要用来祭祀与议事。《礼记》载："君子将营宫室，宗庙为先，厩库为次，居室为后。"祠堂往往是在传统古村落中保存最好最完整、规格最高的建筑。按照封建社会的宗法制度，宗祠从布局形式到建筑规模都有严格的限制，而对宗祠的装饰却往往没有过多的要求，因此在整个古村落传统建筑中宗祠一般都显得非常突出，它不仅是满足人们审美要求的最典型代表，而且在传统古村落景观中处于核心地位。

在传统村落中人们大多聚族而居，所以邻里之间的交往都是以血缘关系作为纽带的。这种关系直接反映在村落的布局形态上，即传统村落常常把宗祠作为村落布局的中心，一般建在整个建筑群的中轴线上，其面积较村落里其他建筑物都要大,是整个村落的标志性建筑,整个建筑外观高耸而威严。村民的房屋紧靠祠堂左右及后方而建,村落中其他建筑物的朝向基本与祠堂保持一致,而且高度遵守"前栋不能高于后栋,最高不能超过'祠堂'"的原则。宗祠是村落公共活动的中心,凡祭祀先祖、节庆活动、族中大事商议等都要在这里进行。久而久之,祠堂便成为村民心目中的政治、文化和精神活动的中心,发挥着祭祀、娱乐、议事、摆酒席宴请客人、历史见证的功能。

中田村共有六个祠堂,保存较好的祠堂有四个(表 3.2),房屋高大,多为清代中后期建筑,进深三进,面阔三间,无檐无廊,石木构件雕刻精美,现内部结构稍有改变。

表 3.2 中田村历史祠堂介绍

序号	名称	年代	建筑面积/平方米	保存状况等级	简介及主要特色
1	明慧祠	清代	350	二级	议事、祭祀活动
2	凰房祠	清代	310	二级	议事、祭祀活动
3	公祠堂	清代	1 200	一级	有戏台
4	李氏大宗祠	清代	1 100	二级	议事、祭祀活动

现保存比较好并且按照原貌整修恢复的是公祠堂(图 3.20、图 3.21)。公祠堂是古民居里最高最大的建筑,建在古村落的中轴线上,面对月光塘,在祠堂两侧有两条纵向的主巷。公祠堂联系整个村落的宅舍。祠堂内面积为 1 200 平方米,内有戏台。第一进为前厅,主要起着承上启下的过渡作用,无实际功能。第二进为中厅,一般是整个李氏家族正式议事的地方。第二进的空间开阔且宽敞,中心区域就是族人举行会议的地方,有上下两层,上层是看戏时族中有地位者、年长者坐的。第三进是正厅,也称"上厅",是中田村居民祭祖拜神的场所。正上方设有神龛,神龛上一般供奉祖先的神像和牌位,神龛下摆有香案,平时村民在此上香祭拜祖先。在正厅神龛下建有戏台,因此上厅为最庄严神圣的场所。祠堂的空间布局每进一级,地坪就抬高一级,应该有"步步高升"的寓意。这种建筑空间处

理手法意在表达祠堂建筑威严庄重。当然除此精神方面的寓意外,在建筑功能上,这样的处理方式也有利于实现排水功能,从而实现了精神与功能的统一。

图 3.20 改建过的公祠堂立面

图 3.21 站在大门口看公祠堂内部

李氏大宗祠现已基本被破坏,主体建筑还在,但前厅已经完全被破坏。整栋建筑面积约为 1 100 平方米。李氏大宗祠为前后两进,中间是一个完整的院落,有一米多宽的铺石通道,两侧为厢廊,一、二进几乎完全以中间的院落为轴对称分布,呈相向的两个"凹"字形平面,面积也几乎均等。不同的是第一进有大门,而后一进是寝殿的后墙(图 3.22、图 3.23)。

图 3.22 被破坏的李氏大宗祠立面

图 3.23 李氏大宗祠立面

宗祠分上下两层,从入口处向左,在厢廊靠近大门的一方有一个木质扶梯通向二层(图 3.24)。在厢廊的上部是一段宽敞的通道,在门厅及左右开间的上部,对应着三间高大的房屋。屋前有廊,与厢廊上部的廊及后一进寝殿上部空间,形成一个全围合的回廊。大门的正上方,是中间门厅所对应的房间,朝外也开着一个大门,不知是何种功能。整座祠堂,外观高大气派,而内部空间简洁规整,装饰简单(图 3.25),实用性很强。可惜现在只能看到一个外壳,已不再具有当年的地位和价值了。

图 3.24 李氏大宗祠内部

图 3.25 李氏大宗祠木雕

3.7.2 井台

水是传统村落居民日常生活所不可或缺的资源，在传统的古村落中，水取自井中，所以井也就成为组成村落的要素之一。井可以提供饮水及其他生活用水，如用于洗衣物、淘米、洗菜等。由于居民的生活都离不开井，所以井台（图 3.26）便成为联系各家各户生活与情感的纽带。

图 3.26 井台

中田村的水井周围一般都会用石材修砌成井台，而且为了方便村民取水和洗刷衣物，水井所在街巷通常也会让出一个相对开阔的空间，一个个井台空间便形成了。井台在传统村落中还有一个重要的功能，那就是为村民特别是妇女提供一个在一起拉家常、交流信息的场所。在中国封建社会中，有着男主外女主内的传统。对于很难接触到外界社会，更不方便参与一些社会性交往活动的妇女而言，这里是最富趣味的交往场所。她们借取水、洗刷衣物之机，在井台上谈天说地，拉家常和交流信息，顺便欣赏自然山水美景，这构成了一幅极具生活情趣的画面。因此，井台空间在村民心中是一个非常重要的场所。即便是现在有些村民在自己家里打了井，用泵抽水上来使用，但是他们还是喜欢到井台边说说笑笑，聚在一起洗衣物、洗菜。

3.7.3 门前

在中田村传统村落中，门前空间大致有两种类型：一种是直接面向街巷空间开门；另一种是避免直接面向街巷空间开门，在进入街巷之前形成一个转折空间。在传统村落中，大多数门前空间属于第一种类型。门楼是一户人家贫富的象征，同时也是民居分隔内外的一道屏障。富有家庭的门楼上会有一些雕刻，在中田村石雕更普遍一些。这些门是院落与外部巷道的分界线，与宅院的高墙共同围合出巷道这一室外空间的界面（图 3.27）。

图 3.27 门前

在中田村，通过院子的后门可以走到另一家的前门，平日里村中几乎家家户户的大门都是敞开着的。这种公共交往空间也是李氏家族代代相传的相互信任、相互帮助、相互照应的家族传统的一个具体表现。笔者先后11次去中田村搜集资料、进行调研。除非是主人出远门，否则院子几乎没有锁门的。有外人进入院内拍照时，如果主人回来，主人不仅不会责怪拍照的人，还会很热情地介绍，甚至拿出他们自制的土特产来招待客人。现在还住在古民居里的大都是老人，他们会与来旅游考察的外地人谈起古民居的来历及子女的现状。平时当地的居民也常聚在门前拉拉家常，打发时间，等着在外务工的子女回来过年过节，这就是他们精神寄托之处。

3.7.4 广场

广场是村民重要的公共交流场所，在中田村传统村落居民的交往之中起着重要的作用，也是传统村落形态中非常重要的构成要素之一。但是，由于我国传统村落长期受到自给自足的农耕经济的影响，加之封建礼制、宗教、血缘等的束缚，因此，村落中一般很少建造可以供人们开展公共活动的广场，广场的功能往往由其他建筑或场地来提供，如主要举办祭祀、拜祖等性质活动的祠堂能够在一定程度上提供广场的功能，戏台前的空旷地也可具有广场的功能。

在中田村公祠堂与月光塘之间有一个广场（图 3.28），广场呈梯形，主要作用是祭祀、拜祖的场所，也是晒谷坪，平时这个广场还是大家交流的一个空间。这种地方在传统村落里是村民活动最宽敞的地方，而且是少有的阳光充裕的地方。现在祠堂的宗教色彩逐渐褪去，广场上有着越来越浓的生活气息。平日里特别是冬天太阳出来后，大家不约而同地聚在广场上，就坐在墙边石凳或建筑的门槛上，晒着太阳拉家常。天气好的时候，中午村民们还会端着饭碗到广场上边吃边聊。虽然中田村古民居里现在居住的老年人居多，但是他们依然有着自己的兴趣爱好。在这里经常能看见一些老人在广场或者街巷中唱着常宁版湖南花鼓，打着麻将和字牌（一种流行的纸牌游戏，在四川乐山地区和湖南地区广受欢迎，湖南有些地方也叫"跑胡子"）。这里也是孩子们平时嬉闹玩耍的好去处。这个广场就是中田村村民进行户外活动的场所。

图 3.28 广场

第 4 章
中田村民居建筑

4.1 建筑技术特点

4.1.1 结构特征

中田村所处地理位置具有一定的特殊性,四周环山,中间盆地南北长约3公里,东西宽约2公里,盆地中间有一座突兀的石山,高差为20~30米。整个村落在盆地中间依托这座小石山坐南朝北而建。村庄房屋密度很大,但排列非常有序,尤其是南北向的通道,平直而清晰。其原因有两点:一是为了节约土地,因为盆地内皆为平坦的可耕作的田地;二是为了安全考虑,村庄背靠的小山仅具有心理依托的暗示,而没有太多实际性的防御功能。正是因为一种心理上的不安全感,村落给人的第一印象就是"硬朗""抱团",使人对之产生一种排斥性的距离感(图 4.1)。从月光塘的对面向村落望去,可以看到公祠堂的两侧分布着排列整齐的房屋,这些房屋不像其他常见的传统村落房舍那样错落有致,朝向灵活,房舍间的道路蜿蜒曲折,中田村远看更像一座城堡,而村中的房屋则是这个防御体系的堡垒。

图 4.1 生硬的正立面

村落中的房屋大多在墙基外的地面埋有大块的条石和石板,因排水需要而建有一个20厘米高的台阶,整座房屋看似建在一个石台之上(图4.2)。房屋内部的地面多为夯土地面。这种地面,雨天只要脚下不带水进来,并不会有太多的水汽,而在夏季,室外晴热少雨时,房屋内部比较阴凉,这种房屋具有一定的调节室内小气候的作用。中田村的房屋以砖石结构为外廊,木结构为上部梁架、楼层隔板及一些内部房屋的分隔板。

图 4.2　建在石质台地上的房屋

中田村的房屋结构特征主要有以下几点:

(1) 四周高墙围合。

从外观来看,中田村除了极少数几栋大屋有阶梯形的马头封火墙外,主要的外墙结构为四角等高的长方体"方盒子",在前后的中段,有人字形山墙突出于中段的侧立面,在人字形山墙的两端头略微起翘,高出侧面围合墙体的顶端1米左右(图4.3、图4.4)。正立面外墙正中开大门,多为石库门的形制。正立面在大门两侧往往开有小窗,为门厅两侧的房屋采光之用,但也有的在正立面上只有大门而没有开窗。这种做法无疑更强调安全性,而通风和采光则会受到影响。

图 4.3　人字山墙全貌

图 4.4　外墙顶部的做法

从外观来看，这种建筑形式没有选择马头墙作为防火措施，实际上是通过加高房屋整体外墙来达到防火防盗的目的的。而马头形封火墙是通过局部加高加宽山墙来防火的。相比较而言，整体加高外墙的效果肯定更好，而且防盗效果也大大增强，也就是说，中田村的防护措施更到位。

（2）内部结构无抬梁，少穿斗，多以檩条直接架设在纵向墙体上来支撑上部椽子、瓦的重量和其他屋面荷载（图 4.5、图 4.6）。村落总体上呈现房屋密集分布的特点，造成每一栋房屋的占地面积都不能太大，大门也只是象征性地向内凹陷 30 厘米左右而不是形成一个"吞口"。房屋从外观来看，有些大屋看不出有多少"间"，而是横向一个块面，从内部来看，是三"间"居多。

图 4.5　局部穿斗屋架的做法

图 4.6　屋顶局部

（3）房屋高度较高，多在 6 米左右，因此，有足够的空间可以分隔出上下两层空间，而且上层空间可以成为一层能正常使用的完整的房间，而不是仅仅作为储存杂物的阁楼使用。这种两层结构不是作为住宅的民居所独有，即使宗祠也是分上下两层的。现存于月光塘前的公祠堂明显被改建过，已看不出原有的屋架形态和正立方形态，但是村外的李氏大宗祠应该还是原物。李氏大宗祠第一进门厅院落两侧的厢廊及最后一进寝殿均为上下两层，而且上层照样宽大敞亮。

（4）村中房屋几乎全部为实心墙而没有空斗墙，砖墙除少部分为顺砌和眠砌外，还有一种比较独特的砌法——在两层顺砌和眠砌的一侧再立一斗砌，并内外交替，前后错缝（图 4.7、图 4.8）。这种砌法从外观来看容易错误地认为是两眼一斗的半空心墙，而实际上是全实心墙。

图 4.7 外墙砖的砌法

图 4.8 带折角的屋面

4.1.2 材料特征

首先，由于中田村附近的山上有丰富的石材资源，而且多为优质白色大理石，因此，石材在村落中有大量的运用。石材主要运用在以下几个部分：① 村落中几乎所有的主要交通通道都用石块或石板铺设；② 村中引水渠的简易小桥由长条的石材建造；③ 房屋的转角处多用石块砌成，不仅使房屋结构更加坚固，也可以使房屋更加美观，打破视觉上的单一性（图4.9、图4.10）。

图 4.9 石板街巷及石条座椅

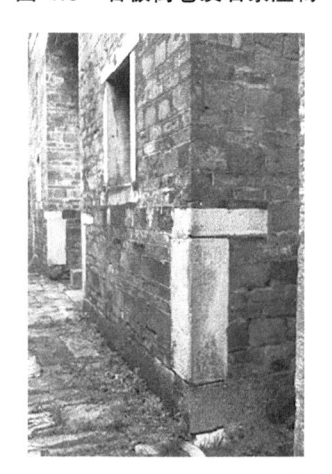

图 4.10 石窗、石转角、石基础

其次，砖在房屋建筑中大量使用。一般的传统村落中，除一部分经济比较富裕的地主或富农、乡绅家庭有能力建造砖瓦房屋外，大部分中农或其他自耕农都是以土坯或夯土墙为主要的房屋结构，但中田村用砖瓦建造房屋的比例非常高，而且砖的尺寸和色泽几乎全村统一（图 4.11、图 4.12）。由此反映出，在历史上这个村落曾经在经济上整体比较富裕，在建设过程中有一个比较强势和"集权"的村落首领对全村的建设进行整体性规划。

图 4.11　两眠一斗的砌法

图 4.12　砖石混砌外墙

最后，房屋的建材可用外砖内木来概括。这些外观看似坚硬的"块体"，内部对木材的使用是很丰富的。门厅两侧的房屋多用木板以木柱为支点分隔；中间部分的主卧，有的是砖砌的，但也有一部分是用木板分隔的；后面的房屋是次要空间，也用木板围合；同时上下层用木楼板分隔。

4.2 平面形式

4.2.1 民居的平面形式

中田村民居建筑是村中最为普遍的建筑，多为二层房屋，但从外观上难以分辨，从形制上看多为三进。第一进为大门入口、门厅及两侧的杂房。两侧的杂房多用来存放柴草及较为常用的农具。由于不住人，所以这部分空间仅用木质板壁来分隔，甚至板壁的上部用直棂横排开窗，而不完全封闭，因此，房内存放何物一目了然。第二进，也就是中厅部分，是这座房屋最主要的部分，人字形山墙就出现在这一进。中厅两侧的卧室呈纵向的长方形，几乎所有的主要生活用品都集中在卧室内，卧室兼作客厅。这两间卧室的纵向长度至少占房屋全长的40%。在中厅稍靠后的位置横向布置太师壁。太师壁为木质板壁，两侧开有通向后部空间的通道。中田村三进房屋的独特之处在于其他地区的第三进空间往往是一座民居的重点，辈分高的长者或是男性户主一家住在第三进，但是中田村的民居，第三进又成了杂房，一般厨房在侧边，鸡鸭等圈养在第三进后部靠后墙的杂房内（图4.13至图4.15）。

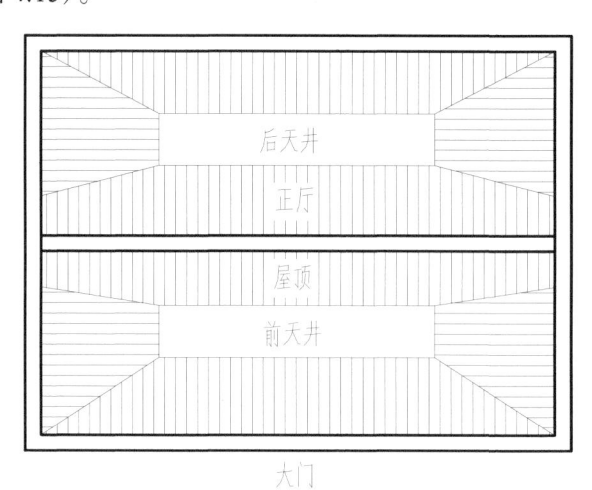

图 4.13 屋顶示意图

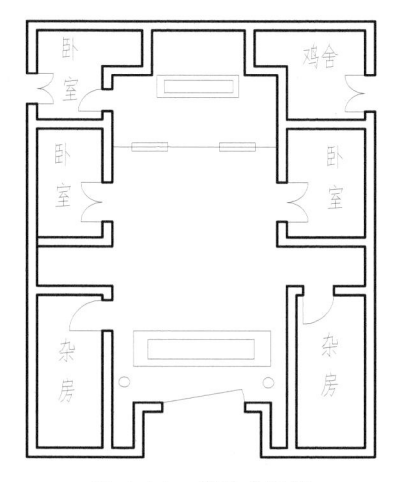

图 4.14 单院式民居

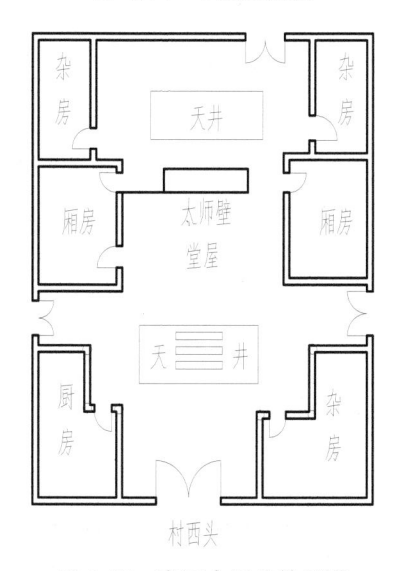

图 4.15 有两个天井的民居

三进院落一般有两个天井,入门处,在大门和中厅之间的天井略大,天井中间的石台较小,而留出的排水沟非常宽;第二个天井的规模略小于前一个天井,形态与比例是相同的。房屋平面内,大门外、天井及天井四周均用石板或石条铺就,可避免雨水侵蚀地面。

前文提到,中田村民居多为两层,第二层的功能与第一层类似。第一进的二层也为杂物间;第二进的二层可以住人;第三进也同样有两层,但这一进的二层通常形成一个"凹"形的回廊，并没有实际用途。中厅上部空间没有实际用途，一般用木板拼合，形成一个完整的天花板。天花板离地面比较高，起到阻挡视线的作用，因此在一层是看不到屋架的上部结构的，只有上到二层才可以清楚看到屋架及瓦片。

4.2.2 公建的平面形式

中田村的公建种类不多，宗祠、井台是村中重要的公建。村中现存两处规模较大的宗祠。从外观来看，月光塘前的公祠堂有过较大的改动，首先是屋架的布置旋转了90°，为沿中轴向两侧放坡，而不是在每一进的上部前后放坡。其次是两侧开窗，这也不符合宗祠的通常做法。最后在寝殿处布置了一个大舞台。因此，这个祠堂已经被改建成了开群众大会的礼堂，不再具有宗祠的特征（图4.16）。

在中田村的村外还有一处没有名字也没有牌匾的大体量建筑，当地人说是李氏大宗祠。李氏大宗祠为前后两进，具体结构前文（3.7.1 宗祠）已有介绍，这里不再赘述。

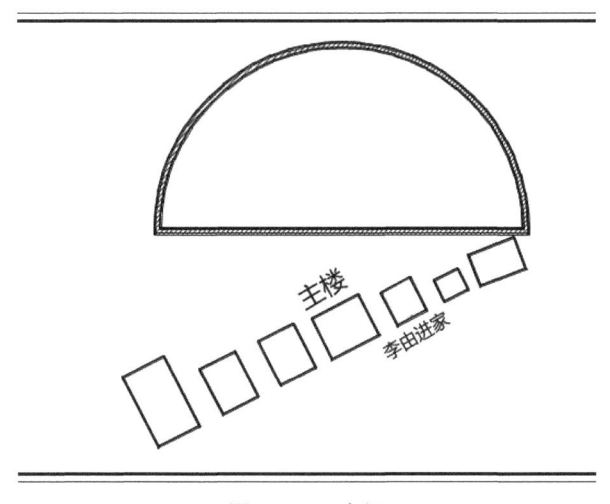

图 4.16 广场

4.3 空间形态与家庭生活

4.3.1 天井

天井，又叫天窗，是中国古人追求"天人合一"的范例。住宅与自然通过天井互动，实现人与天地的对话（图 4.17）。天井可提高住宅内部环境的私密性，但对外仍旧保持结构的整体性。天井不仅是南方民居建筑组群内部采光系统的构成主体和排水、通风系统的核心所在，更寄托了古人的殷殷期盼。天井聚雨藏风、连通内外，这里既是藏蓄之所，也是财禄象征，寓意聚财和财不外流，象征四水归堂、聚财养气、天人合一。传统村落中人们喜欢内省沉思的特点在中田村古民居建筑中得到了很好的体现：封闭的立面以及防卫性的厚墙之内有天井。这种古民居都是对外封闭，对内通过设置天井表现出敞开的一面。

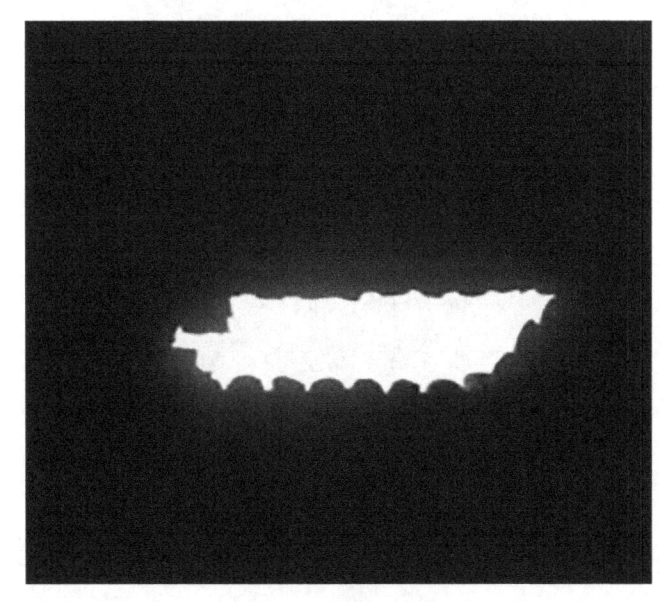

图 4.17 天井开口

中田村古民居的天井随处可见。全村有天井 200 多个，天井四周以磨平的长条大理石砌成。当地的村民说当年砌一个天井需要一担谷的工钱，可见天井的价值。古民居四周几乎是全封闭式的，采光条件非常有限，为了改善采光通风的条件，每家每户都修建了1~2个天井。有了天井，新鲜空气从天而入，既改善了民居的采光通风条件，又使住在屋内的人悠闲舒适。中田村天井的排水更是设计巧妙。这里的天井池（图4.18）都是由大理石砌成的，从外面看难以找到排水管道。令人惊奇的是，600多年过去了，中田村古民居遭到过无数次的暴雨洪涝灾害，但民居院落从来没有发生过阻塞内涝之事。究其根源，据当地老人讲，修建民居时在下水道中放了乌龟，乌龟在里面不断爬动，一通百通，保证了下水道的畅通。另外，天井的排水管设计是藏而不露。关于这一点，当地的居民解释为"山管人丁水管财"，财宜藏而不宜泄。所以古民居天井的排水管都是由上到下，左右转弯，经环村的小溪通向村前的月光塘。

图4.18 天井池

天井的位置主要根据建筑规模而定，多数民居的天井位于整个正屋的中轴线上，杂房和厨房位于天井两侧，天井与厅堂一起构成了民居室内的活动场所。其他功能房间围绕天井布置，天井开窗可以通风采光。对于规模较大的民居，如果仅靠中心的一个天井很难解决每个功能房间的通风采光的问题，因此在后面左右两侧杂房或者厢房的连接位置处会修建小天井，这种天井一般会建在较偏僻的地方，而且较小，不像中心天井还能作为居民的活动场所。这种小天井主要供离中心天井较远的房屋采光通风之用，同时也起到了美化室内外环境的作用。

4.3.2 正屋

正屋是由堂、房和后间等几个部分组成的。中田村古民居多为深宅小四合院，规划整齐，无廊无檐，多呈进深三进、面阔三间的布局，砖木结构，青砖砌墙，硬山顶，屋面覆小青瓦。梁架结构大多数为通天柱穿柱造结构，厢房与过厅均以木板相隔，民国时期大多数以砖墙替代。

民居主体是正屋，在整个建筑中居中正位，一般都是分"进"布置，一进通常包括一组完整的堂、室及后间。堂一般称为"堂屋"（图4.19），是中田村古民居最主要的房间，作为祭祀、议事和摆酒席宴请宾客的公共空间。中田村的堂屋摆有神龛，用来供奉神佛、祖宗，反映了这里的子孙对宗法、儒家思想的沿袭和传承，同时表达了人们对祖先的怀念和感恩。堂屋的后面称为退堂屋，一般是厨房、餐厅。厨房一般有炉灶和火塘（图4.20、图4.21），以前的炉灶基本用泥砖砌成，火塘上面有个挂钩，俗称炉膛钩，用来挂壶烧开水的，过去农家没有热水瓶，家中有客人来，马上打水烧起来。当然这里也可以挂吊锅，用来煮饭菜，冬天全家围坐在这边吃边聊，非常暖和，其乐融融。还有许多简易的挂钩主要用来把食物挂起来防止被老鼠"偷吃"。现在在中田村还可以见到以前的炉灶和挂钩。室也称为"房"，即堂屋两侧的住房（图4.22）。堂屋是二层通高，堂屋顶部部分设有阁楼，这种阁楼美化了堂屋，可以存放各种杂物，而且避免了建筑空间的浪费。

左右厢房、正房均为上下两层结构，传统家庭人口多，卧室的数量也较多。民居二层布局模式也充分体现了当地村民对耕地的节约意识。卧室一般是按照辈分来分配使用的（图4.23、图4.24）。

图 4.19 堂屋

图 4.20 厨房

图 4.21　室内火塘

图 4.22　正房

图 4.23　后部天井及二层空间

图 4.24　木结构的厢房

4.3.3　门

《说文解字》载:"门,闻也;从二户相对,象形","户,护也,半门曰户"。门是民居的室内与外界的出入口,有房屋建筑就会有门,它是居住建筑的重要组成部分。门的作用不仅是供住户出入,还具有一定的防御和通风采光作用，在当时是一种安全设施，以保障居所的安全。门的另一种作用是界定空间，以门为连接点，内外空间清晰明了，这在中国古建筑中表现得最为精彩。门是向外展示内部空间属性的一个标志，因此也成为装饰部分。按照中国封建礼制，大门是门中等级最高的，也是住户身份和地位的象征。

中田村古民居的大门有三种形式。一种是有雕花的石木结合门框的大门（图4.25），这种大门在中田村造价最高，一般富贵人家才会采用这种大门。第二种是普通的有石框的大门（图4.26），中田村绝大多数的民居都采用这种大门，结实又防潮。第三种就是一般的木门（图4.27）。中田村的大门很高，在3米左右，这样有利于采光通风。民居屋内的门大多数是木门。大门在平面的中轴线上，尊贵的客人都由大门出入。在中田村绝大部分门都是朝一个方向开的，但是也有几处的大门与其他民居的大门朝向有所不同（图4.28）。大门是建筑的门面，需要装饰，进入房屋要跨过门槛，大门门槛象征着主人的地位，一般由较厚实的大理石制作，讲究的门槛上有雕花（图4.29）。门槛也有守气纳财的寓意。在湘南民居中门槛两侧都连着石墩，石墩上有各具特色的抱鼓石，但是在中田村几乎看不到抱鼓石，只有形态各异的石墩。

图4.25 雕花石木结合门框的大门

图 4.26 大门

图 4.27 3米高的木门

图 4.28　与其他门的朝向不一样

图 4.29　精致雕花的石门槛

中田村的门大多数是由门页、门楣、门簪、门槛组成的。门页一般用宽大厚实的木头制作。门楣上方设有门簪，门簪也是大门的重要装饰构件。门簪的主要作用是固定门页，还可以装饰门面，比如镌刻的"福寿"（图 4.30）。有的大门上方设有门楼，南方的门楼一般为砖木结构，用木梁承接在大门上方，但是在中田村，许多门楼都是用大理石做的，大概也是因为这里盛产大理石的原因。楼上方上盖小青瓦。因为门楼是民居重点装饰的位置，所以上面有木雕、砖雕、彩绘图案。

图 4.30 福寿门簪

4.4 民居的装饰艺术

4.4.1 木雕艺术

中田村的民居内木雕的应用不是非常普遍，再加上历史原因，民居的飞檐翘角、花纹图案许多都被破坏，但也有幸存的，在木构架的柱和梁、窗户等木构件上尚存有木雕装饰（图 4.31、图 4.32）。这些木雕既有传统民间美术的共性，也有自身的艺术风格和表现特点。木质槛窗的木雕图案、吊檐柱的荷花瓣造型等，均雕刻精美、寓意深刻。据当地的一些老人回忆，以前用的床有花鸟虫鱼木刻图案，表现了丰收、祥和、其乐融融的太平景象。

图 4.31 木刻垂花柱

图 4.32 木刻护板与石门的关系

4.4.2 石雕艺术

可能是中田村盛产大理石的原因，再加上不易被破坏，所以在中田村内保存的石雕艺术作品就比木雕艺术作品多得多。石构件雕琢精细，大多数为阴刻。例如，石质门楣上的如意穗、龟背图，门楣上的龙须，门簪上的荷花、八卦阴阳，门墩、骑虎上的瑞兽祥图、花草纹饰等。石础形制变化多样，内容极为丰富，代表了不同时代的特征，如锅盔式石础、覆盆式石础、架子鼓、南瓜瓣等。

1. 泰山石

泰山石（图4.33）是指建筑物墙体（尤其是外墙）转角处用以加强墙体牢固程度的石头构件，因取"稳如泰山"之意而得名，其主要功能是加强建筑物转角处的牢固性，因为建筑物的转角处是最容易被磕碰和脱落的地方。在建筑物中泰山石也有等级之分，等级最高的自然是大门入口两侧转角处的泰山石，其次是建筑物外侧转角处的泰山石，再次是腰门两侧的泰山石，最后是建筑物背面外侧的泰山石。中田村传统村落中几乎每家每户建筑的外侧都有泰山石。

图4.33 泰山石

2. 石门槛、门枕石

门槛在中田村民居中被认为是主人社会地位的象征，人们认为它可以守住运气，因此石门槛都比较高。门槛越高表明房屋主人的地位越高。人们十分注重装饰石门槛,石门槛的正面有以浅浮雕为主的精美雕刻(图 4.34、图 4.35)。

石门槛左右两侧各有一个门枕石。在中田村,人们对门枕石的装饰非常讲究,多数雕刻成须弥座形式(图 4.36),并饰以花草纹样、瑞兽祥图(图 4.37)。中田村内很少见到抱鼓石。

图 4.34 包袱状花纹

图 4.35 精美雕花的石库门下部

图 4.36 类似须弥座的门枕石

图 4.37 瑞兽石

3. 石柱础

石柱础在中田村也非常普遍，且形式多样，品种繁多。在湘南，因为天气潮湿，如果木柱直接与地面接触，很容易被腐蚀，因此在木柱的下方一般修有石柱，而且有的柱子完全是石柱，用以负重和防潮，同时对防止建筑物塌陷有着不可替代的作用。石柱础由上端的石鼓和下端的基座组成（图 4.38）。在中田村，石柱础的形制和雕饰很丰富，形制以鼓形和四面形居多，也有六面和八面锤形等。雕饰图案有莲花、古钱、鼓以及花鸟虫鱼等（图 4.39）。雕刻手法上善于把高浮雕、浅浮雕、透雕与圆雕相结合。少量的石柱础凿有槽，把柱插入槽内更牢固，相邻两个面交界处较为厚实，形成柱状，以保证柱础不被碰掉。在中田村还发现了许多加高的石柱础（图 4.40）。

图 4.38　一般的石柱础

图 4.39　上有雕花的石柱础

图 4.40　被加高的石柱础

4. 其他

由于中田村盛产大理石，所以很多构件都是用石材制作的。一般这些构件上都有一些雕花，比如天井石台上、门柱上都刻有一些钱币和花草图案。即使是路边辟邪的石柱上也做了一些装饰。具体见图 4.41 至图 4.45。

图 4.41　生活用的石臼

图 4.42 天井石台上的花纹细部

图 4.43 门柱石上的钱币图案

图 4.44 门柱石上的小梅花图案

图 4.45 刻在辟邪石柱上的文字

本部分内容主要从中田村古民居建筑技术特点、民居及公建的平面形式、空间形态与家庭生活、民居的细部特点、装饰艺术等方面分析了中田村古民居的特色装饰艺术和营造技术。这些珍贵的装饰艺术和营造技术体现了中田村村民生活起居的特点，同时反映了中田村村民对生活的热爱。但是这些技艺濒临失传，因此对中田村古民居的研究具有很重要的现实意义。

第 5 章
中田村村落环境保护策略探析

第5章 中田村村落环境保护策略探析

传统村落是不可再生的文化遗产，但是在现代化建设进程中，它们正面临毁灭性的灾难。自改革开放以来，传统村落居民的生活水平普遍提高，然而，这种比较封闭的传统生活方式已被打破。年轻人外出务工人数增多，很多人为了子女教育在县城购置房产，导致许多传统村落无人居住，古民居无人修缮。在中田村，房屋空置率高达70%以上，村中留下的多为老人和孩子。由于传统村落民居多数为砖木结构，在无人居住的情况下自然破损严重，一些地方政府对古民居保护意识不足，或因缺乏资金而无法进行保护，居民在修缮时既缺乏技术指导也缺少监管，导致传统村落的格局和风貌遭到严重破坏。此外，战争、自然灾害对传统民居造成了毁灭性的破坏。而随着经济的发展，新材料、新技术的应用，以及村民新的生活方式的出现，建筑材料、建筑方式发生了翻天覆地的变化，也给传统村落的生活方式、建筑式样带来了巨大冲击。

中田村现有的民居建筑中已荒废的有216栋，其中158栋进行简单修复后可继续使用，27栋进行整体性修复后可继续使用，其余31栋则不再适合居住。这些民居建筑根据布局、面积和层数计算，修复后可供155户居民居住。图5.1是中田村建筑质量分布现状示意图。

因此，古民居的保护和传承发展在现代社会中显得非常重要。

图 5.1　中田村建筑质量分布现状示意图

5.1　中田村古民居保护现状

中田村近几年在物质文化遗产保护方面做了不少努力，联合常宁市文化旅游广电体育局、自然资源局及庙前镇人民政府等部门明确具体的保护范围，即确定为文物或物质文化遗产的，30米内为保护范围，60米内为控制范围；协商传统村落内居民外迁，对古民居建筑进行修缮并统一上锁保护，且保留宗祠。中田村传统村落 2002 年被常宁市人民政府公布为县级文物保护单位，2011 年被湖南省人民政府公布为省级文物保护单位，2012 年被列入第一批中国传统村落名录，2014 年被评为"中国景观村落"，2019 年被确定为第八批全国重点文物保护单位。

但是，中田村先贤的忠国尚武之风、健体防身之术，刻于石板上的策反棋、老虎棋、牛角棋等非物质文化遗产，以及寓兵于农时期的一些农耕器具却没有得到很好的保存。

5.1.1 人为破坏

随着经济的发展和生活方式的变化，村民的生活得到了改善，原来的房子已经不能满足他们的需求，村民开始修缮或者重建房子。中田村的民居修缮、拆建多数是居民自己进行的，缺乏保护技术和统一的规划管理。再加上人们建造新房屋，老建筑逐渐被废弃、荒置以至于衰败。笔者访谈了不少住户，其中一户的女主人就谈到她现在居住的院落原户主是一个地主。这个院落前后的房子都是地主家的，用来堆放杂物，地主自己住的就是这个院落，从装饰上可以看出当年的辉煌（图5.2）。土改后这个院落分给了三户人家，其中两家是外来户（后来也搬走了），只有她是李氏后人，她的两个小孩也在新街建了新房。由于经济条件不好，房子没有维修，已经损坏得非常厉害（图5.3）。另外，有些新建筑没有经过规划便随意建在古民居旁，甚至有极个别的就在老房子上加盖，既没有保护隔离区，也没有过渡区，这样使得传统民居的整体风貌出现了不和谐。

图5.2 精美的装饰

图 5.2 （续）

图 5.3 损坏的房屋

5.1.2 自然破坏

古民居大多数是木结构的，空置的房子年久失修已经发生了霉烂而且开裂，屋面、天井处杂草丛生，瓦件破损缺失，渗漏已经非常严重，地面也泛潮破损。建筑外墙由于长年累月遭受雨水以及潮湿的空气的侵蚀而慢慢被腐蚀,现存的古民居民宅的雕刻和壁画有的已经脱落,有的模糊不清,有的颜色暗淡,有的常年被雨水侵蚀,已经严重发霉。

此外,中田村古民居中有很多木构件遭受虫蛀的破坏,这是因为这些木构件没有经过防虫处理。而且在调研过程中还发现有几栋古民居曾遭受过火灾的破坏。近几年市政府把中田村周边的财神洞、印山等景观整合起来发展乡村旅游业,提高村民的生活水平和生活质量,但是为吸引游客,建造了一些与传统村落风格不符的构筑物,比如种植的花海,与古建筑的主体灰色不协调,效果并不明显。这种做法没有考虑村落的生态承载能力,在一定程度上破坏了传统村落的生态环境。

5.1.3 中田村古民居保护存在的问题

首先是保护管理意识的薄弱和保护技术的缺乏。就如李氏大宗祠曾是一处重要建筑,可是如今为了修道路已经把前厅全部毁坏,其余的建筑也只剩下破烂的空壳。这就是缺乏保护古建筑的意识的体现。虽然近几年常宁市政府也已经开始进行古民居保护专项规划的制订,但是还没有完成,传统村落保护管理没有相应的依据,也就造成了传统村落保护无法可依。一方面,由于没有通过法律的形式确定传统村落保护的范围和保护的具体要求,无法对古村落进行积极保护;另一方面,当出现破坏这些建筑的行为时,也会出现无法进行追究的局面,人们的破坏行为也就可以肆无忌惮。再加上没有足够的修复技术作支撑,对已经破坏的建筑无法进行专业修复。

其次是用于古民居保护的专项经费不足,资金渠道单一,古民居的保护没有相应的配套资金投入,保护工作非常困难。现在,虽然有些村民的生活条件得到了改善和提高,但是要他们自己拿出几十万元来修缮旧民居,他们觉得还不如重建新楼,那样生活会更便利;而留守的村民经济状况普遍较差,更加无法独自修缮。笔者在访谈的时候遇到了一个村民,他反复问是否可以向政府反映帮助修缮他的破损的房子。他住在这，因居住环境潮湿而患上了严重的关节炎，想住到二楼，但是二楼的木板已经快掉下来了。破损的建筑、落后的设施、脏乱的环境都要求整治和改善。而这笔庞大的维修资金，对于一个落后的村落来说，无疑是天文数字。虽然常宁市于2007—2008年投资30万元对古民居进行了局部修缮，占村镇建设资金的40%。可是这也只是杯水车薪，维修的也主要是一些公共部分。

最后是对非物质文化遗产的保护重视不够。传统村落保护不仅要对传统村落内的建筑物进行保护，也要对建筑物内的非物质文化遗产及其传承人进行保护，不要只保护了一个"文化空壳"而使传统村落失去了真实性。中田村除了儒雅、秀丽、幽静的村落环境和精致的文物古迹外，还有丰富的传统文化生活，如文娱活动、民风民俗、礼仪、节庆、传统的手工艺技能、各种民间艺术等，这些传统文化生活形成了古民居的精神内涵，这样古民居才有生命力。但是随着经济的快速发展，生活方式的智能化、信息化，中田村传统古村落特有的建筑风貌和那些淳朴的民风乡俗正在受到冲击，许多传统手工艺技能已经失传。例如，在古民居的巷道的青石板上可以看到刻有一些图案（很像棋盘），这应该是当年小孩玩的一种游戏。可如今中田村的小孩已不再玩这种接地气的游戏，他们热衷的是动漫、网络游戏、各种短视频。本地人曾经拥有高超的编竹筐的技艺，现在除了上了年纪的人还会这门手艺，年轻人根本不会也没人愿意学这门手艺了。而且几乎所有的年轻人都选择去外地打工赚钱，不愿意在家耕种田地，导致很多田地荒芜。因为常年在外，村里各种节日比如端午节、中秋节的活动也远不如以前隆重。现在稍微隆重的节日就是春节和清明。以前的春节会耍龙灯，现在许多年轻人到大年初六左右就要外出务工，很多人都不会耍龙灯，这项技艺也在悄悄失传中。中田村的这些传统文化活动在现代文明的冲击下慢慢消失了。

5.2 中田村古民居保护的主要内容与原则

5.2.1 中田村古民居保护的主要内容

中田村古民居的保护和其他古民居的保护一样包括自然环境、人工环境和人文环境三个方面。

中田村传统村落从选址到村落布局、街巷、建筑形态等都遵循"天人合一"、崇尚自然的原则。我们研究它处理人与自然和谐相处的方法和经验，思考如何从传统村落中获得借鉴和启发。我们在古民居保护规划中对自然环境的保护要求就是保护村落的自然要素，不破坏人与自然的和谐，维护村落的自然风貌特色，达到自然与村落的和谐共生。

传统村落保护的核心部分就是建筑本身，中田村古民居是村民从其先人那里继承的，是人类文化中宝贵的遗产，无论是历史背景，还是建筑主体、建筑构件、空间布局、建筑材料、装饰等方面都有很高的研究价值。这是在人工环境方面对中田村古民居的保护。

中田村传统村落还拥有如历史名人、传统节庆、礼节、文娱活动、民俗民风、民间传统工艺等丰富的传统乡土文化。它们与传统村落的物质形态一起，共同构成传统村落内涵丰富的人文环境。人文环境是古村落的精神所在，保护它就是保护传统村落的"魂"。笔者在中田村与已经87岁的李迪天老人及其他几位老人聊到他们的祖辈时，他们会非常自豪地谈到他们家族也出了个"李逵"——李世文。虽然典籍中没有记载，但是李世文英勇善战的故事在李氏家族中流传，激励着一代又一代李氏家族的子孙。而且李氏家族从祖辈那里传承了尚武精神，村里如今还有几位老人会几套拳脚，也会耍几样兵器。我们也只有在老年人那里才能感受到这些文化遗产的影子。因此对传统村落的保护，不能局限于自然环境与人工环境的保护，更重要的是保护人文环境，使得传统村落有生命力。

5.2.2 中田村古民居保护的原则

中田村古民居的保护是对整个村落进行保护，不是对某个建筑单体或者某样建筑构件进行保护。而对整个村落的保护是一个复杂的系统工程，所以我们在坚持整体保护理念的基础上要遵循一定的原则。

（1）原真性保护的原则。中田村拥有传统建筑、文物古迹、建筑构件等价值很高的历史文化遗存。因此在修复的过程中一定要遵循"整旧如旧，以存其真"的原则，同时不破坏村落中村民的生活环境和文化风俗。要严格地使用原来的材料、原来的工艺、原来的设计，力求达到还原其历史的本来面貌。当然传统村落的保护也不能忽视村民的实际生活情况，需要改善村民生活的公共设施及更新古民居内的生活设施以满足现代村民的生活所需。

（2）动态保护的原则。人们对于普通文物的保护就是将其收藏保存起来，而古民居既有很高的历史研究价值，也有特定的使用价值，并且居民还要进行日常的生活，因此对于中田村古民居的保护应采取动态保护的原则，而不是将居民迁出的这种静态保护方式；在规划保护实体环境的同时，更重要的是让居民能够正常生活，并且传承传统村落的历史文化，改善村民的生活环境，提高生活质量，在动态变化中寻求传统村落保护的最佳途径。

（3）公众参与的原则。古民居是老祖宗留给我们的宝贵财富，在古民居的人工环境里，除了祠堂、文书房等是公共财产外，其他大多数建筑都属于个人财产。因此，对于中田村古民居的保护一定要得到全体村民的理解与支持，提高村民们的保护意识，让全体村民积极参与到保护工作中来，并在保护过程中多考虑村民的利益，改善他们的居住环境和公共设施。另外，要有专业技术的指导，避免村民无意识的破坏行为和自己进行修缮时的随意性。

（4）发展性原则。古民居的保护不仅是保护祖辈遗留下来的建筑文物古迹，在保护的进程中也要改善村民的居住环境（包括自然环境与人文环境），满足村民对现代生活方式的需求，同时还要继承与发展传统文化。特别是对非物质文化遗产的保护，在新的历史条件下既要继承，也要不断融入新的内容、新的形式、新的观念，要在继承的同时不断优化，使古民居的生命力得到延续。

5.3 中田村古民居保护措施

5.3.1 强化保护意识，建立健全法律法规

传统村落的保护是一项整体性工程，要对古民居的自然环境、人工环境、人文环境进行全面的保护，政府管理部门要重视，需要提供技术支持，可以请建筑学家、文物学家、经济学家、政治学家、社会学家和文化教育专家共同研究，统一规划。

我国建立了一整套国家级历史文化名城保护制度，对文物的保护也有法律依据——《中华人民共和国文物保护法》。但是对传统村落的保护仍缺乏国家层面的法律依据。这就造成了对传统村落的保护没有明确的规章制度可以遵循。如果能够对传统村落的保护进行立法，通过法律的途径进行保护，更有助于克服目前管理中行政机关自由裁量权过大、主观判断成分过高的弊端，使传统村落的保护工作有法可依。

5.3.2 合理利用市场，健康有序发展旅游业

中田村传统村落的保护中存在的主要问题之一就是资金缺乏。我们可以通过多种渠道筹集资金，比如国家和地方财政的拨款，现居住在外地的古民居原居民和社会各界的捐赠，村民如果不能从资金上进行资助，也可以出力来进行修缮。另外可以合理地把保护古民居市场化，可以引进外资修缮古民居，让村民以建筑入股或进行租赁的形式，参与传统村落的保

护开发并获得自己的利益，然后在政府的指导和监督下发展和经营古民居的旅游业。政府参与主要是防止仅仅为追求利益最大化而使古民居的真实性、完整性遭到破坏。中田村古民居周边的旅游资源很丰富，有中田、泉井、双桥、庙前街等明清古民居群；有东汉时期的汉墓群；有明代的金龙岩摩崖石刻；有抗日战争时期的腊园阻击战遗址；有财神洞、野猪林、地质公园、中国印山等风景名胜区。把这些旅游资源整合起来，既能做乡村休闲旅游、爱国主义教育、健身之旅、文化之旅等，又能广泛宣传古民居的价值，提高人们对古民居的保护意识与责任感，甚至可以筹集游客自愿捐助的资金来保护修缮古民居。这样在健康持续地发展旅游业的同时，也可以为古民居带来直接和间接的经济效益，同时带来了社会效益。经济的发展又可以促进对传统村落人工环境的进一步保护。这样就形成了一个良性循环。

5.3.3 进行长期规划

中田村古民居保护规划遵循整旧如旧的原则，并强调整体保护、动态保护的理念。保护规划在尊重该村落完整而独特的山水格局的基础上，针对自然环境、人工环境和人文环境提出相应的保护和修缮措施，从而更好地保护中田村历史文化遗产，促进村落社会经济文化的发展。在湖南大学柳肃教授及其他老师的指导下，笔者和湖南大学建筑学院的研究生、本科生对中田村传统村落进行了一次全面的实地勘测、走访、拍照，制订了详细的规划。

5.3.3.1 功能区规划

为充分节约利用土地，根据实际情况，应保护周边绿地与农田，改善农村的生产生活条件和居住环境。村庄布局应因地制宜，保护村落生态环境，结合当地的地形地貌，合理利用资源。在不破坏水体和山地林木的前提下，对古村落景区进行发展规划。在规划中要考虑按照整个村庄布局，进行基础设施、公共设施和市政设施配置，对古民居中老建筑区应完善配套设施。坚持发展的可持续性，以保护资源、保护环境为出发点进行空间布局规划，使景区的生态保持良性发展态势。

根据中田村的古村落性质、开发布局现状，以及对历史古建筑保护的需要，确定将本次规划划分为东片区、西片区加核心保护区的空间格局（图5.4）。其中核心保护区：以中田村月光塘与古建筑群为规划范围，是文物保护区与旅游景点建设区。东片区：核心区以东，以河流为边界。东片区为村落老区，现状以空置民居为主，应当再次发展建设，重新利用。重点重建损毁建筑，修缮破旧建筑，完善基础设施和公共设施配套，引导居民集中入住。西片区：核心区以西，以庙前镇小学为边界。西片区为新发展村落，设置村行政办公区、主要娱乐活动区与核心商业区。建设重点为修复破旧建筑，增加旅游景点配套服务设施，完善公共服务设施。

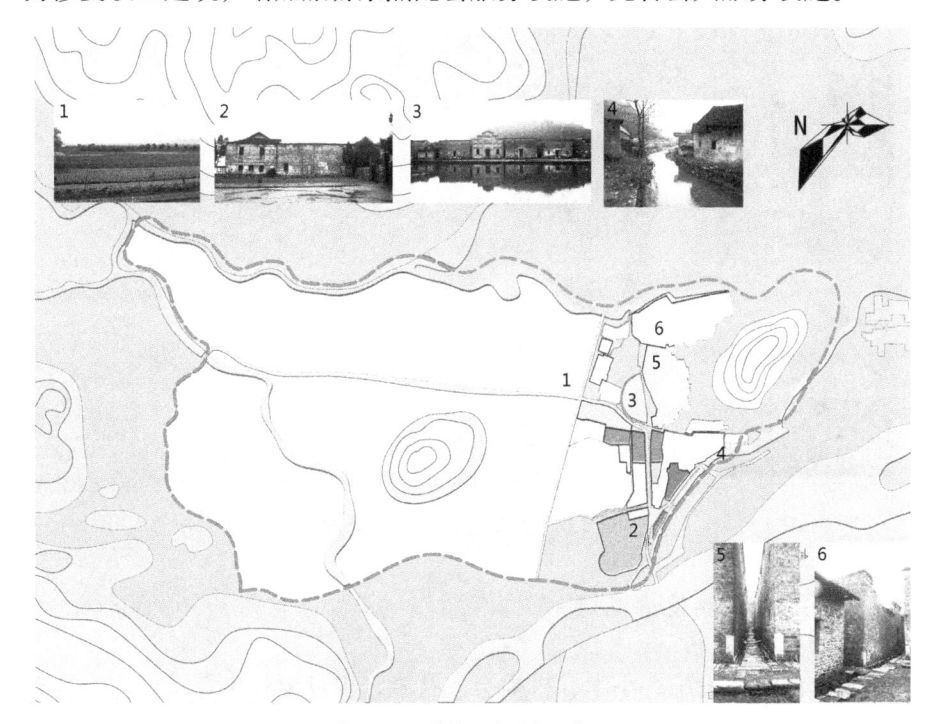

图5.4　功能区规划示意图

5.3.3.2 道路规划

因为村子内部都是保护性的建筑,所以要因地制宜设置道路网,减少房屋的拆迁比例,尽量保留原有道路,在内部道路上优先满足人行的需求,有效降低村庄道路的建设成本。可基本按照道路的原有脉络加以整治改造。各自然村的对外交通以主要道路作为主干路,宽7米,支路宽5米,布置在村子的外围;内部主要是步行小路,宽2.5米,满足游客的参观需求(图5.5)。

图5.5 道路交通规划示意图

5.3.3.3 公共设施规划

现有的公共设施有小学、村委会、礼堂、少量便利店等,总体上现有公共设施种类单一、数量少、规模小,难以满足居民基本的生活需要,不能满足未来旅游开发的需求。在进行公共设施规划时综合考虑广大村民的实际需求和未来旅游的发展需求，并不断缩小城乡差距，为满足乡村居民不断增长的物质和精神文化生活需求创造条件。

规划内容包括：村委会或者劳动力服务站、幼儿园、小学、图书馆、剧场、礼堂、中田村展馆、医院、旅游接待点、餐饮住宿购物场所、垃圾处理站等（图5.6）。

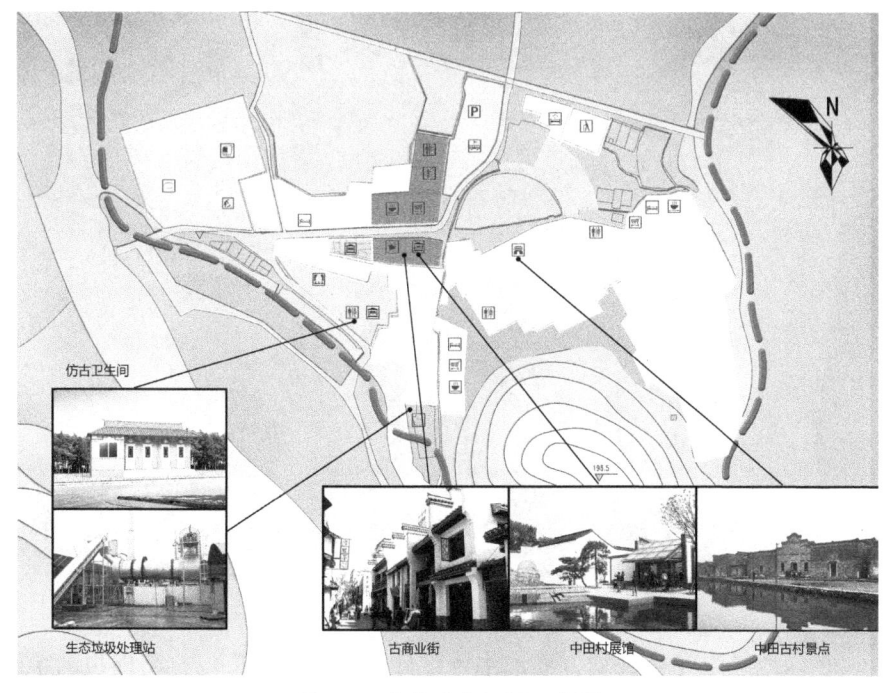

图5.6 公共设施规划示意图

5.3.3.4 村镇绿地景观规划

中田村现在的主要绿地类型为农田、山林、池塘，景观类型有绿地景观（主要为山林景观）、建筑景观。绿地与景观现状的主要问题是：缺乏供居民休闲的公共场所，居民区内的庭院绿化杂乱而且树木种植较少，严重缺乏道路绿化和集散广场的景观营造，历史建筑由于居住的人较少，逐渐破败。中田村古民居保护规划以现状调查评价以及相关资料为依据，统筹规划，合理布局，突出中田村的文化特征、山水特色，将中田村塑造成一个集宜居与旅游于一体的历史村镇（图5.7）。在规划中注重以人为本，在维护历史村镇面貌的前提下，在绿化景观方面设计了1个大广场、3个小广场，满足居民日常室外活动的需求，同时为将来的旅游发展创造宜人的集散场所。建成后公共绿地和广场面积将达到2.33公顷。

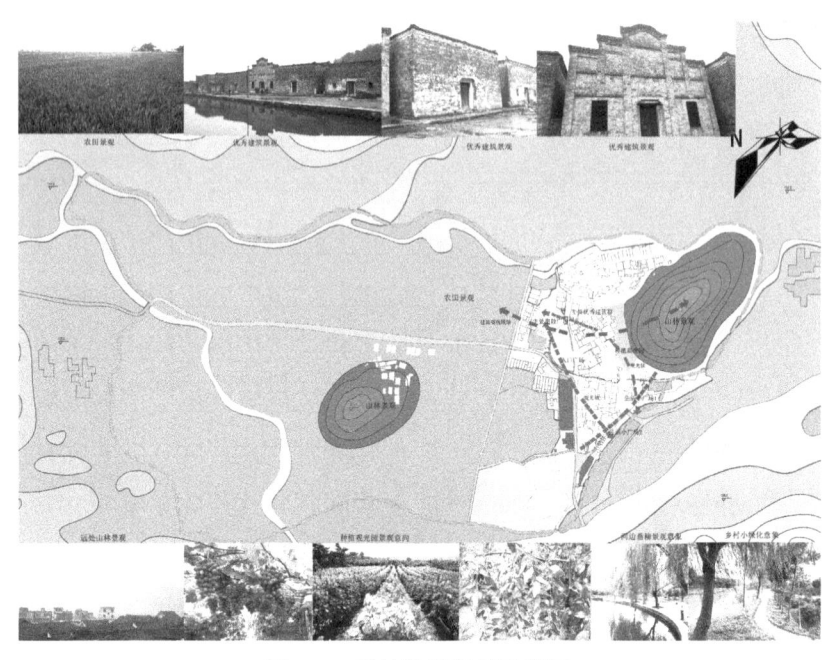

图5.7　绿地景观规划示意图

在绿地景观专类规划方面，主要设计弧形的集散广场，与周边的半圆形池塘的形状对应，提供集散、健身、休息及散步观光的场所，通过绿化配置，形成开敞宜人的景观节点。另外规划的山林旁的种植观光园，以种植果树为主，让来到这里的旅行者不仅能体验到老建筑的历史魅力，还能积极参与到种植园的实际耕种项目中来，体验乡村的别样生活。对于生活广场，配置简单的绿化，可以提供开阔的空间，供居民在此停留聊天。

5.3.3.5　生态环境保护规划

合理划分生态环境功能区（图5.8）。禁止一切破坏水环境生态平衡的活动，以及破坏水源林、护岸林及与水源保护相关植被的活动。对池塘和溪流中的淤泥和垃圾进行清理，疏通河道。可适量投放养殖一些观赏性鱼类及一些有净化水体作用的水生植物。在溪流中铺设一定量的木炭和石子，对水进行物理性过滤。农村生活污水资源化集中处理，禁止向水域倾倒农业废水、生活垃圾、粪便等。严格控制水源保护区内的各种生产经营活动和度假休闲旅游活动，饮用水源保护区范围内禁止投料养殖。禁用高毒、高残留农药；在村辖区内实行封山育林，提倡生态公益林制度，禁止毁林做地等各项破坏山林资源的活动，使辖区内的生态平衡得到保护。严禁毁坏侵占耕地等各项破坏农田的活动，对山林中的农舍予以拆除改迁，在其上种植林木。

开展生态保护方面的科学知识宣传、培训；提倡崇尚尊重科学、尊重生态保护的风气；提高全体村民的科学素质，树立良好的生态保护意识，使环境生态保护成为每个村民的自觉行动，使各项决策符合生态保护科学合理的要求。加强监察监测力度，可发动村民组织监察队对生态环境进行监管。

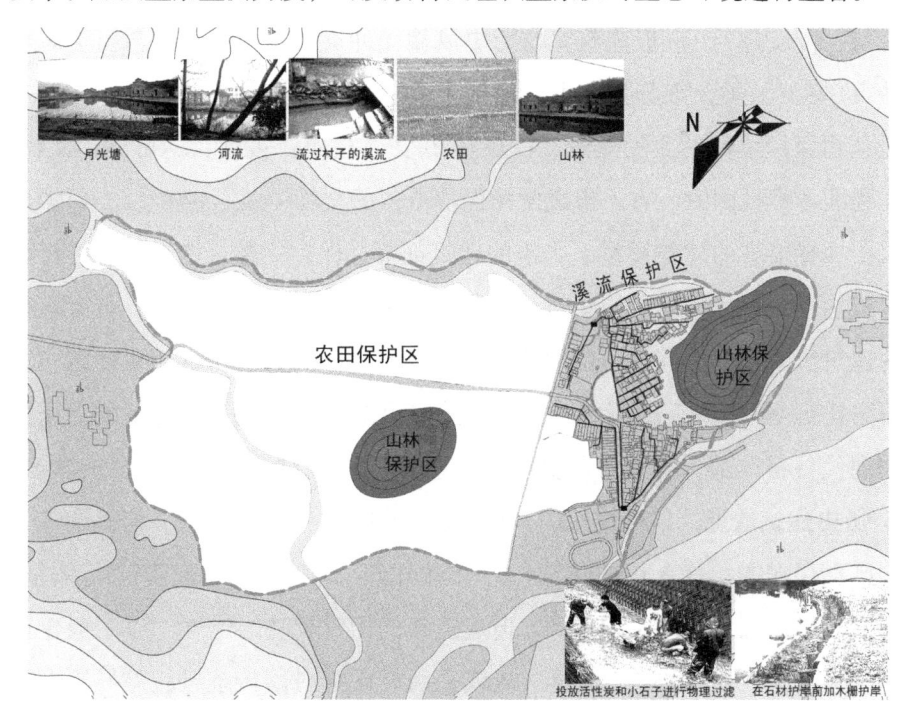

图 5.8 生态环境保护规划示意图

5.3.3.6　历史文化保护规划

可以将历史文化遗产保留丰富、完整的重要地段设定为保护区。庙前镇中田村核心区是古村落历史风貌保留最为完整、历史建筑最为集中且保存状况最为完好的区域，是保护的重点区域。核心区占地面积为 48 000 平方米，现存历史传统建筑占地面积为 38 000 平方米。

在核心区内，除了保护规划确定的保护建设活动之外，不得进行新的工程建设。

中田村规划区内的保护建筑（优秀历史建筑）共有 4 处，建议将其列入庙前镇不可移动文物目录。

中田村古民居保护规划结合《历史文化名城保护规划规范》，并参照住建部关于中国历史文化名镇（村）的评选办法，对中田村规划区（主要是核心区）的建筑进行分类评估。保护规划划定文物建筑、保护建筑、历史建筑、传统建筑（一般建筑、与历史风貌无冲突）、一般建筑（与历史风貌冲突）共五大类，细分为八类。① 文物保护单位：省级文物保护单位、市级文物保护单位的文物建筑、古迹。② 文物建筑：被列为不可移动文物，作为准备报批国家、省、市级文物保护单位的文物建筑、古迹。③ 保护建筑：具有很高的建筑质量、丰富的建筑细节，保存完整，能够体现古村落建筑艺术和时代特征的历史建筑。④ 历史建筑（一般历史建筑）：具有较好的建筑质量，保存完整，能够体现古村落特色和时代特征的历史建筑。⑤ 历史建筑（风貌不完整历史建筑）：建造年代较早，某一个或以上的立面被用现代材料改造，但建筑的其余部分仍能够体现村落的历史特征的建筑。⑥ 历史建筑遗址：仅存建筑的基址或某一部分，有记录记载，但其余部分均已不存在的年代久远的建筑。⑦ 传统建筑（风貌协调一般建筑）：体量、材质都与村落传统风貌相协调，但建造年代相对较晚的建筑。⑧ 一般建筑（风貌不协调一般建筑）：体量形式或立面材质与村落传统风貌差异较大的现代建筑。上述①至④类建筑应严格保护，禁止拆除或改造（图 5.9）。

古建筑、纪念性建筑文物保护单位保护范围和建设控制地带最小范围为建筑群或成组的建筑，可参考文物通常的保护做法来划定其保护范围和建设控制地带。

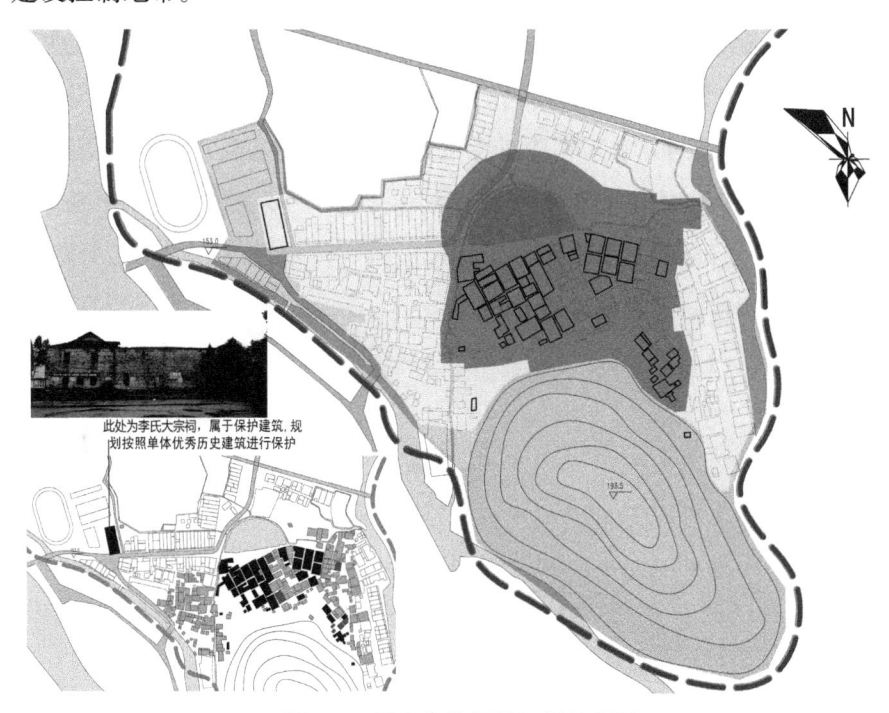

图 5.9　历史文化保护规划示意图

5.3.3.7　防灾体系规划

防灾体系包括针对消防、地质灾害、洪灾、雪灾、雷击、风灾等的规划。其中消防建设是庙前镇古村落防灾体系的重中之重。中田村古村落有一些砖木结构的古建筑，其建筑物间的防火距离大多数不符合现行国家技术相应标准，仅靠马头墙等作为防火分隔；现保存有明清古民居，没有配置灭火器；村内道路由纵横交错的巷弄构成，道路宽度窄小，村内无消防车通道；古民居住宅室内电线老化严重；村落内消防水源不足，消防能力十分有限；一旦发生火灾，必将危及全体村民的生命财产安全，也必将造成不可估量的损失。

消防规划主要做了三个方面：① 在古建保护防火规划方面，根据传统村落保存的明清古民居，规划在原民居防火方式（室内设置消防水池）基础上，加强室外消防栓和室内灭火器的配置（按 30~50 平方米一个的标准配置一定数量的干粉灭火器），同时加强消防安全教育，消除各种火灾隐患，并对老化电线进行改造。② 消防通道规划：在保留村内街巷格局的同时，将主路拓宽到 4 米，对消防车无法到达或进入的古民居，增设消防栓，保证消防员能够及时迅速施救。③ 消防用水规划：妥善保护天然水源，保障消防用水；结合新的供水改造工程建设，完善室内外消防栓灭火系统。图 5.10 是中田村防灾减灾规划示意图。

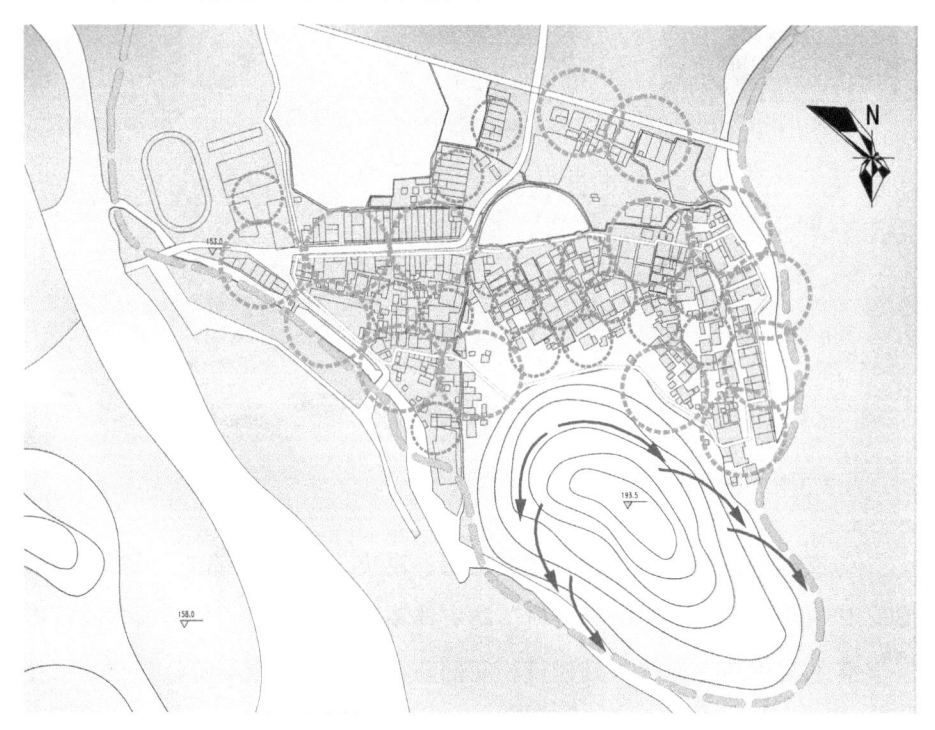

图 5.10　防灾减灾规划示意图

提高村民的防汛意识，经常疏通河道和村内排水系统，完善排水系统，提高排水能力，及时清淤，消除阻水障碍物，保护上游水土和植被。注意水土保持和引导山水排放防止山体滑坡。另外注意墙体的整体性，特别是山墙、叠瓦部分的整体性安全,注意屋面檩条等结构是否有腐烂现象,注意房屋结构的安全,提高屋面的荷载强度,适时增加防雷设施,减少雷击可能。

结语

结语

传统村落，刻着社会发展的烙印，是一个地方优秀的地域文化和民族文化的现实载体。湖南的传统村落有着悠久的历史，保留了许多有较高研究价值的明清时期的古民居。这些古民居既有着丰富的建筑形态，又具有不同的人文背景以及历史背景。

常宁市庙前镇中田村古民居迄今已有600多年，虽经历数百年的风雨剥蚀，但目前仍保留旧宅100多幢，天井200多个，巷道108条，建筑面积达14 000平方米。民居既有江南民居的建筑特色，又有独特的本土艺术风格，是湖南省目前保存较完好、规模最大的明清古建筑之一，已被列为湖南省重点文物保护单位和历史文化名村。中田村2012年被列入第一批中国传统村落名录，2014年获评"中国景观村落"，2019年被确定为第八批全国重点文物保护单位。但是在当今现代建筑思想的不断冲击下，传统村落保护意识的缺失使其遭受的破坏越来越明显。传统村落是不可再生的文化遗产，中田村传统村落的保护、传承和发展在现代社会中显得非常重要。传统村落的形成与发展有着比较复杂历史背景、社会背景及文化背景，是许多因素相互作用、相互影响的结果，因此，古民居的传承和发展必然涉及许多方面，不是一个简单的技术上的问题，还需要政府、行业专家以及社会大众的共同努力及合作，一起建立良好的管理制度，制订切实可行的规划，让中田村传统村落得到更好的传承与发展。

本书通过对湖南省常宁市庙前镇中田村传统村落的研究，总结得出以下一些成果和见解：

（1）中田村传统村落是自然地理环境、人文历史环境、审美品位、精神信仰以及风俗习惯的产物。祖先和神灵崇拜是中田村村民的精神信仰。

传统的乡村互助是中田村日常生活的重要组成部分。中田村的习俗具有广泛性与传承性，涉及生产生活的方方面面，是村民精神生活的重要组成部分。"遵礼法，崇儒学"的文化教育氛围深深影响了中田村先民；"中庸"观念决定了中田村古民居不偏激而重守中的建筑形象，耕读文化也深深扎根于这片土壤。在宗族伦理上，以血缘关系为基础的宗法制度影响着整个中田村传统村落生活秩序的构建。

（2）中田村村落构成属于以"御敌"为核心的聚族而居模式。中田村所在的庙前镇历来就是一个军事重镇，历朝统治者为镇压少数民族造反都曾在这里派驻重兵。中田村古民居建筑群最突出的特色是有很强的御敌作用。村落选址受到儒家思想与道家思想、中庸观念、耕读文化、宗法制度的影响并考虑到生存要素。聚落环境格局以中田村的"禁山"翠微峰为核心，形成一处南北长约三公里、东西宽约两公里的小盆地。中田村由村口、宗祠、庙宇、街巷、溪河、沟渠、民居院落等要素构成，形成了溪流穿村、巷道纵横交错、院落毗邻相接、宗祠占据中央的肌理形态，并且是经过规划的。中田村拥有形态完整、传统风貌连续的历史街巷、河道小溪。井台、门前、广场是村民重要的日常交流场所。

（3）中田村古民居的结构特征是：① 四周高墙围合；② 内部结构无抬梁，少穿斗，多以檩条直接架设在纵向墙体上来支持上部椽子、瓦的重量和其他屋面荷载；③ 房屋较高；④ 村中房屋几乎全为实心墙。中田村古民居的材料特征是：石材多数为优质白色大理石，在村落中有大量的运用；砖在房屋建筑中大量使用；外砖内木。中田村古民居巷道铺以石板。街道、商号林立，铺面的后面多为深宅小四合院，规划整齐，无廊无檐，多为进深三进、面阔三间的布局，砖木结构，青砖砌墙，硬山顶，屋面覆小青瓦。梁架结构大多数为通天柱穿柱造结构，厢房与过厅均以木板相隔。民国时期大多数以砖墙替代。左右厢房、正房均为上下两层，木质槛窗的木雕图案、吊檐柱的荷花瓣造型等，均雕刻精美寓意深刻。石构件雕琢精细，大多数为阴刻。

（4）中田村传统村落遭到了自然的破坏和社会发展过程中人为的破坏，鉴于保护管理意识的薄弱和保护技术的缺乏，本书提出在原真性保护、动态保护、公众参与、发展性等原则下，强化保护意识，建立健全保护古民居的法律法规；合理利用市场，健康有序发展旅游业；进行长期规划，并做了功能区、道路、公共设施、村镇绿地景观、生态环境保护、历史文化保护、防灾体系等方面的规划。

本书主要是从中田村古村落的选址布局、民居的建筑特点、装饰艺术以及营造技术等方面进行解析，想要对这种传统村落有更加深入的了解，则还需要更进一步的调查和研究。本书的创新点是通过研究传统文化村落的构建、维系与发展，展现湘南地区人居环境的特点，挖掘当地传统民居文化内涵，探求适合湘南地区传统民居保护与开发的方式，并应用于商业化运作。

参考文献

[1] 曹国新.文化古村落:一类重要而特殊的旅游资源[J].江西社会科学,2003,23(9):202-205.

[2] 陈兴贵,王美.反思与展望:中国传统村落保护利用研究30年[J].湖北民族大学学报(哲学社会科学版),2020,38(2):114-125.

[3] 陈志华,李秋香.中国乡土建筑初探[M].北京:清华大学出版社,2012.

[4] 程昌文.郴州阳山村聚落形态研究及保护策略探析[D].长沙:湖南大学,2011.

[5] 程小武.刀走龙蛇天地情:徽州传统建筑三雕工艺研究[D].南京:东南大学,2005.

[6] 程孝良.论儒家思想对中国古建筑的影响[D].成都理工大学,2007.

[7] 程孝良,冯文广,曹俊兴.中国古建筑的社会学含义[J].成都理工大学学报(社会科学版),2007(4):7-12.

[8] 费孝通.乡土重建[M].长沙:岳麓书社,2012.

[9] 付晓欢.宋家庄聚落与民居形态分析[D].太原:太原理工大学,2009.

[10] 高健康.郑州传统村落景观保护与更新设计研究:以安沟村为例[D].郑州:河南农业大学,2023.

[11] 郭美锋.理坑古村落人居环境研究[D].北京:北京林业大学,2007.

[12] 胡银玉,胡碧霞.古建筑营造做法[M].太原:三晋出版社,2011.

[13] 胡媛媛.文化传承下的上甘棠村聚落形态研究[D].长沙:湖南大学,2006.

[14] 湖南省地方志编委会.湖南省地方志概览[M].北京:中国文史出版社,1991.

[15] 黄磊.湘东传统民居建筑地域特色研究[D].长沙:湖南大学,2014.

[16] 黄璐.社区营造视角下的梅州客家古村落保护与更新策略研究[D].广州:华南理工大学,2012.

[17] 黄淑娟,周立勤,关业培.乡村振兴背景下传统村落保护与发展研究:以桂林市灵川县江头村为例[J].中外建筑,2019(2):60-63.

[18] 李红云.南通地区传统民居研究[D].西安:西安建筑科技大学,2010.

[19] 李哲.湖南永兴县板梁村建筑布局及形态研究[D].长沙:湖南大学,2007.

[20] 刘红艳.古村落建筑文化资源保护中存在的问题与对策探究:以贺州古村落为例[J].改革与开放,2011(2):130-131.

[21] 刘沛林.古村落:和谐的人聚空间[M].上海:上海三联书店,1997.

[22] 刘雅炜.甘肃陇南地区传统民居建筑艺术特征及其居住民俗研究[D].西安:西安理工大学,2023.

[23] 柳肃.古建筑设计[M].武汉:华中科技大学出版社,2009.

[24] 龙瑛.古村落旅游开发与保护问题研究:以岳阳市张谷英村为例[D].广州:暨南大学,2010.

[25] 楼庆西.雕梁画栋[M].北京:清华大学出版社,2011.

[26] 罗德胤.中国传统村落谱系建立刍议[J].世界建筑.2014(6):104-107.

[27] 孟海宁,王昕,孙天钾.古村落布局的形与意:以浙南黄檀硐古村落聚居形态的分析为例[J].浙江建筑,2008,25(5):1-4.

[28] 潘谷西.中国建筑史[M].5版.北京:中国建筑工业出版社,2004.

[29] 仇保兴.风雨如磐:历史文化名城保护30年[M].北京:中国建筑工业出版社,2014.

[30] 单德启.从传统民居到地区建筑:单德启建筑学术论文自选集[M].北京:中国建材工业出版社,2004.

[31] 尚圆圆.浙江缙云县河阳古村落保护与更新研究[D].苏州:苏州科技学院,2011.

[32] 施琦.试论古村落旅游可持续发展的对策[J].农业考古,2008(3):155-157.

[33] 王建伟,冯建国.老城保护的新路径[J].前线,2019(11):69-72.

[34] 王晓敏.文化线路遗产视角下的太行山陉道研究[D].哈尔滨:黑龙江大学,2018.

[35] 薛卓恒.湘中地区城镇传统民居形态研究[D].长沙:湖南大学,2007.

[36] 张复合.建筑史-2003年第1辑:建筑史论文集 第18辑[M].北京:机械工业出版社,2003.

[37] 张国雄.明清时期的两湖移民[M].西安:陕西人民教育出版社,1995.

[38] 张强.历史文化名村保护规划研究[D].西安:长安大学,2009.

[39] 张文君.集群视角下传统村落保护模式研究[D].北京:北京建筑大学,2023.

[40] 钟敬文.民俗学概论[M].上海:上海文艺出版社,2009.

[41] 朱晓明.试论古村落的评价标准[J].古建园林技术,2001(4):53-55.

[42] 朱英.湖南新宁县西村坊古民居研究[D].长沙:湖南大学,2013.

[43] 邹德慈,王凯,谭静,等.新型城镇化背景下的我国村镇发展规划策略[J].中国工程科学,2019,21(2):1-5.